Muttersprache *plus*

8 Arbeitsheft

für Lernende mit erhöhtem Förderbedarf
im inklusiven Unterricht

Erarbeitet von
Marion Böhme, Birgit Ellwart,
Martina König, Nikola Lobstein

8 Arbeitsheft
für Lernende mit erhöhtem Förderbedarf
im inklusiven Unterricht

Zu diesem Buch gibt es ein passendes **Schülerbuch** (ISBN 978-3-06-063282-4).

Redaktion: der springende punkt, Berlin
Illustrationen: Sylvia Graupner S. 7, 18, 19, 36, 40, 45, 48, 50
Bettina Nutz S. 55, 57, 58, 68, 71, 77, 78, 88, 92, 94, 95
Umschlaggestaltung: werkstatt für gebrauchsgrafik, Garding
Umschlagillustration: Dorina Tessmann, Berlin
Layoutkonzept: lernsatz.de
Technische Umsetzung: Straive

Textquellen: 4 Wie Alexander Fleming durch eine Schlamperei das Penicillin entdeckte. Online im Internet: https://www.geo.de/wissen/weltgeschichte/antibiotika-wie-alexander-fleming-durch-eine-schlamperei-das-30176284.html [17.11.2022] (gekürzt und verändert). **8ff.** Neumayer, Ingo: Schulnoten. Online im Internet: https://www.planet-wissen.de/gesellschaft/lernen/schulgeschichte/schulgeschichte-schulnoten-100.html [17.11.2022] (gekürzt und verändert). **11f.** Breitegger, Benjamin: Brauchen wir Noten? Online im Internet: https://fluter.de/brauchen-wir-noten-an-schulen-streit [17.11.2022] (gekürzt und verändert). **13** Abschaffung der Schulnoten. Zahlen aus: Wößmann, Ludger u. a.: Denken Jugendliche anders über Bildungspolitik als Erwachsene? Ifo-Schnelldienst 17/2018. Online im Internet: https://www.ifo.de/DocDL/sd-2018-17-woessmann-etal-bildungspolitik-2018-09-13.pdf [17.11.2022]. **16** Die Kinderrechte werden in allen Staaten verletzt … Online im Internet: https://www.sos-kinderdoerfer.de/informieren/wie-wir-helfen/kinderrechte/30-jahre-kinderrechte/interview-kinderrechte-weltweit-verletzt [17.11.2022] (gekürzt und verändert). **17** Elternlose und verlassene Kinder, die in SOS-Kinderdörfern betreut werden. Zahlen aus: https://www.sos-kinderdoerfer.de/informieren/wo-wir-helfen [17.11.2022]. **25** 161 Halteverbotsschilder … © dpa. **26** Gerätebesitz von Jugendlichen 2021 – Vergleich 2020 (Auswahl). Zahlen aus: JIM-Studie 2021 – Jugend, Information, Medien. Online im Internet: https://www.mpfs.de/fileadmin/files/Studien/JIM/2021/JIM-Studie_2021_barrierefrei.pdf [17.11.2022]. **36f.** Ecke, Wolfgang: Der Bildband. Aus: Ecke, Wolfgang: Das Geheimnis der alten Dschunke. © Ravensburg: Otto Maier Verlag, 1971. Lizenzausgabe für Bertelsmann Reinhard Mohn OHG, 1974, S. 30–34 (gekürzt und verändert). **40f.** Brender, Irmela: Eine. Aus: Gelberg, Hans-Joachim (Hrsg.): Menschengeschichten. 3. Jahrbuch der Kinderliteratur. Basel: Beltz & Gelberg, 1975 (gekürzt und verändert). **45** van Hoddis, Jakob: Weltende. Aus: Nörtemann, Regina (Hrsg.): Jakob van Hoddis: Dichtungen und Briefe. Göttingen: Wallstein Verlag, 2007, S. 9. **46** Logau, Friedrich von: Des Krieges Buchstaben. Aus: Eitner, Gustav (Hrsg.): Friedrich von Logau. Sämtliche Sinngedichte. Tübingen, 1872, S. 107–108. **47** Kästner, Erich: Besuch vom Lande. Aus: Kästner, Erich: Ein Mann gibt Auskunft. Zürich: Atrium, 2017, S. 65–66. **50** Schiller, Friedrich: Wilhelm Tell. Dritter Aufzug, dritte Szene. Aus: Schiller, Friedrich: Wilhelm Tell. Schauspiel. Zum Neujahrsgeschenk auf 1805. Köln: Anaconda, 2006, S. 68–69 (gekürzt und verändert). **75** Künzler-Behncke, Rosemarie: Gehen – laufen – springen. Aus: Gelberg, Hans-Joachim (Hrsg.): Überall und neben dir. Weinheim und Basel: Beltz, 2001 (gekürzt).

Bildquellen 4 stock.adobe.com/MashiOne; **8** interfoto e.k./Sammlung Rauch; **12** stock.adobe.com/Torsten Lorenz; **13** Cornelsen/Straive; **17** Cornelsen/Straive; **25** dpa Picture-Alliance/Carsten Rehder; **26** Cornelsen/Straive; **32** stock.adobe.com/makistock; **44 o.** bpk, **Mi.** akg-images/arkivi, **u.** interfoto e.k./Friedrich; **47** akg-images/TT News Agency/SVT; **49 li.** Friedrich Schiller: Wilhelm Tell. Hamburger Lesehefte Verlag, **Mi.** Friedrich Schiller: Wilhelm Tell. Coverartwork nach Friedrich Schiller, Wilhelm Tell, erschienen im Anaconda Verlag, München, in der Penguin Random House Verlagsgruppe GmbH, **re.** Wilhelm Tell (Weltliteratur für Kinder). Nacherzählt von Barbara Kindermann mit Bildern von Klaus Ensikat. Kindermann Verlag Berlin, 2004; **52** stock.adobe.com/Jörg Lantelme; **53** dpa Picture-Alliance/Stephanie Ott, **59** stock.adobe.com/Paitoon; **61** stock.adobe.com/Antonio Gravante; **66** stock.adobe.com/John Vlahidis; **69** stock.adobe.com/New Africa; **70** stock.adobe.com/Gerard Kremmer; **79** mr-Kartographie Gotha; **81** stock.adobe.com/Laurens Hoddenbagh

www.cornelsen.de

Allgemeiner Hinweis zu den in diesem Lehrwerk abgebildeten Personen: Soweit in diesem Lehrwerk Personen fotografisch abgebildet sind und ihnen von der Redaktion fiktive Namen, Berufe, Dialoge und Ähnliches zugeordnet oder diese Personen in bestimmte Kontexte gesetzt werden, dienen diese Zuordnungen und Darstellungen ausschließlich der Veranschaulichung und dem besseren Verständnis des Inhalts.

Die Webseiten Dritter, deren Internetadressen in diesem Lehrwerk angegeben sind, wurden vor Drucklegung sorgfältig geprüft.
Der Verlag übernimmt keine Gewähr für die Aktualität und den Inhalt dieser Seiten oder solcher, die mit ihnen verlinkt sind.

Dieses Werk berücksichtigt die Regeln der reformierten Rechtschreibung und Zeichensetzung.
Bei den mit R gekennzeichneten Texten haben die Rechteinhaber einer Anpassung widersprochen.
Die mit * gekennzeichneten Texte wurden aus didaktischen Gründen gekürzt und/oder verändert.

1. Auflage, 1. Druck 2023

Alle Drucke dieser Auflage sind inhaltlich unverändert und können im Unterricht nebeneinander verwendet werden.

© 2023 Cornelsen Verlag GmbH, Berlin

Das Werk und seine Teile sind urheberrechtlich geschützt. Jede Nutzung in anderen als den gesetzlich zugelassenen Fällen bedarf der vorherigen schriftlichen Einwilligung des Verlages. Hinweis zu §§ 60 a, 60 b UrhG: Weder das Werk noch seine Teile dürfen ohne eine solche Einwilligung an Schulen oder in Unterrichts- und Lehrmedien (§ 60 b Abs. 3 UrhG) vervielfältigt, insbesondere kopiert oder eingescannt, verbreitet oder in ein Netzwerk eingestellt oder sonst öffentlich zugänglich gemacht oder wiedergegeben werden. Dies gilt auch für Intranets von Schulen.

Druck: Athesiadruck GmbH

ISBN 978-3-06-063327-2

Inhalt

Was weißt du noch aus Klasse 7? 4

Schreiben, Lesen

Diskutieren – Meinungen austauschen 6
Sachtexte hören und lesen 8
Teste dich selbst! 16
Sich schriftlich mit Problemen auseinandersetzen – Erörtern 18
Mitteilungen verfassen 22
Medien untersuchen 24
Informationen suchen 26
Präsentieren 28
Einen Praktikumsplatz suchen 30
Bewerbungen schreiben 31
Praktikumsberichte schreiben 34
Kriminalgeschichten hören und lesen 36
Kurzgeschichten hören und lesen 40
Literarische Epochen kennen lernen 44
Kreatives Schreiben 47
Dramenszenen hören und lesen 49

Schritt für Schritt: Wort – Satz – Text

Wortarten und Wortformen 52
Die Wortarten im Überblick 52
Nomen/Substantive und Nominalisierungen 53
Verben 55
Satzbau und Zeichensetzung 63
Bau des einfachen Satzes 63
Bau des zusammengesetzten Satzes 67
Zeichensetzung bei der direkten (wörtlichen) Rede 71
Zeichensetzung beim Zitieren 72
Wortbildung 73
Zusammensetzungen 73
Ableitungen 74
Wortbedeutung 75
Synonyme 75
Antonyme 76
Homonyme 77
Personifizierungen 78
Sprache im Wandel 79
Sprachvarianten 79
Teste dich selbst! 81

Fehlerschwerpunkte erkennen – Fehler korrigieren 83
Groß- und Kleinschreibung 85
Nominalisierungen/Substantivierungen 85
Die Schreibung von Eigennamen 87
Getrennt- und Zusammenschreibung 89
Getrennt- und Zusammenschreibung von Verben 89
Abkürzungen und Kurzwörter 91
Fremdwörter 92
Teste dich selbst! 94

Was weißt du noch aus Klasse 7?

 1 Lies den folgenden Text.

Wie Alexander Fleming durch eine Schlamperei das Penicillin entdeckte

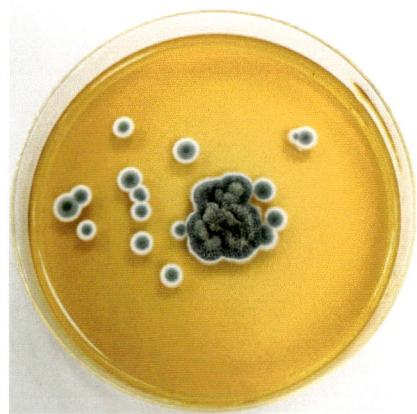

1 **Manchmal** entstehen Wunder zufällig: **Im**
2 **September 1928** fährt der Schotte Alexander
3 Fleming **nach den Ferien in sein Labor nach London**
4 zurück. **Dort** entdeckt er **auf einer Glasschale** eine
5 verschimmelte Bakterienkultur. **Vor seiner Abreise**
6 hat Fleming vergessen, die Glasschale zu säubern.
7 Staunend stellt er fest: Wenige grüne Schimmelpilze
8 haben die Bakterien zerstört. Fleming kann die
9 Substanz aus dem Schimmel herauslösen, die die
10 Bakterien tötet. Er nennt sie: Penicillin.

11 Fleming veröffentlicht seine Entdeckung. Doch niemand interessiert sich dafür. **Im**
12 **Zweiten Weltkrieg** testen Forscher **in England** Penicillin an Tieren. Das ist der
13 Durchbruch: Man erkennt die Bedeutung von Penicillin für die Medizin.

14 Es ist mühsam, genug Penicillin herzustellen. Das amerikanische Militär schafft es, die
15 Schimmelpilze zu züchten. Aber das Penicillin reicht nicht für alle. **Nach dem Krieg**
16 wird Penicillin **in den zerstörten Städten** zur Schmuggelware.

17 Penicillin gilt **in der zweiten Hälfte des 20. Jahrhunderts** als Wundermittel. Es rettet
18 vielen Menschen das Leben. Viele Krankheiten können **nun** geheilt werden.

19 Doch das Mittel kann seine Wirkung verlieren, wenn man es zu oft verwendet. Als
20 Fleming **im Jahr 1945** den Nobelpreis erhält, fordert er, Penicillin verantwortungsvoll
21 einzusetzen.*

Was weißt du noch aus Klasse 7? 5

2 Sind die Aussagen richtig oder falsch? Kreuze an.

	richtig	falsch
Ein roter Schimmelpilz hat die Bakterien zerstört.		
Englische Forscher testen Penicillin an Tieren.		
Den Durchbruch schafft Penicillin im Ersten Weltkrieg.		
Penicillin rettet viele Menschenleben.		

3 Der Text ist in fünf Abschnitte eingeteilt.

a Ordne die Teilüberschriften im Kasten den passenden Abschnitten zu.
Schreibe sie jeweils auf die Linie über dem Abschnitt.

> Der Durchbruch / Die mühsame Herstellung / Gefahr bei häufigem Einsatz / Das Wundermittel

b Für einen Abschnitt fehlt die Teilüberschrift.
Suche aus den Überschriften im Kasten eine passende heraus.

> Alexander Fleming / Bakterien / Der grüne Schimmelpilz / Flemings Entdeckung

Begründe deine Entscheidung.

4 Welche **Funktion** hat der Text? Kreuze an. Begründe deine Entscheidung.

☐ Anweisung ☐ Kommentar ☐ Information ☐ Beschreibung

5 Markiere im Text die **fett gedruckten** Adverbialbestimmungen mit unterschiedlichen Farben.

1 Farbe: Adverbialbestimmung des Ortes
Fragen nach dem **Ort: Wo? Woher? Wohin?**

2 Farbe: Adverbialbestimmung der Zeit
Fragen nach der **Zeit: Wann? Wie lange?**

Sich mit anderen austauschen

Diskutieren – Meinungen austauschen

> In **Diskussionen** werden **Probleme** besprochen. Gemeinsam sucht man nach einer **Lösung**. Dabei werden **Standpunkte** oder **Meinungen** ausgetauscht.

1 Was hat dich in einer Diskussion einmal gestört? Was fandest du gut? Tausche dich mit einem Partner oder einer Partnerin aus.

> In einer Diskussion formuliert man **Behauptungen**. Durch **Argumente** (**Begründungen** und **Beispiele**) werden diese Behauptungen unterstützt. Argumente können sich auf bekannte **Tatsachen**, gemeinsame **Erlebnisse** oder persönliche **Erfahrungen** beziehen.

2 Ein Diskussionsbeitrag setzt sich aus verschiedenen Teilen zusammen.

a Lies zuerst den Merkkasten unter der Aufgabe.

> Ein **Diskussionsbeitrag** besteht aus:
> - **Behauptung**
>   zum Beispiel: Es ist wichtig, dass Jugendliche nach dem Aufstehen etwas essen …
> - **Begründung**
>   zum Beispiel: …, denn der Körper benötigt Energie und Nährstoffe.
> - **Beispiel**
>   zum Beispiel: Wenn ich morgens ohne Frühstück in die Schule gehe, kann ich mich im Unterricht nicht konzentrieren.
> - **Schlussfolgerung**
>   zum Beispiel: Um in der Schule aufmerksam sein zu können, ist Frühstück wichtig.

b Worauf nimmt die Begründung im Merkkasten Bezug? Kreuze an.

☐ bekannte Tatsache ☐ gemeinsames Erlebnis ☐ persönliche Erfahrung

c Zum Thema Frühstück hat Danni eine andere Meinung. Schreibe neben Dannis Aussagen, wie die Teile seines Diskussionsbeitrags jeweils heißen.

_____	Wenn mich meine Eltern morgens dazu zwingen, etwas zu essen, wird mir schlecht.
_____	In der Schule kann man auch leistungsfähig sein, wenn man nicht gefrühstückt hat.
_____	Es ist nicht wichtig, dass Jugendliche nach dem Aufstehen etwas essen …
_____	…, denn viele haben morgens noch gar keinen Hunger.

Diskutieren – Meinungen austauschen 7

3 Welche Aussage passt zu welchem Gespräch? Ordne die Sätze passend zu und schreibe sie auf.

Ich kann mir nicht vorstellen, dass die wenigsten Jugendlichen mit ihrer Familie essen.

Glaubst du, dass Jugendliche nicht darauf achten, was sie essen?

Gespräch 1:
A: „Ich bin der Meinung, dass Jugendliche ihre eigene Esskultur haben. Wichtig ist dabei nur, dass es schmeckt und satt macht."

B: „_____
_____
Für mich ist es schon wichtig, was ich esse."

A: „So richtig habe ich darüber noch nicht nachgedacht."

Gespräch 2:
A: „Gestern habe ich im Fernsehen einen Beitrag über Jugendliche gesehen. Nur ein kleiner Anteil isst zusammen mit der Familie. Die meisten versorgen sich selbst."

B: „_____
_____
_____
Wir essen zu Hause gemeinsam. Wie sieht es bei euch aus?"

A: „Ich esse oft allein. Meine Eltern kommen meistens erst sehr spät nach Hause. Sie bereiten etwas vor, das ich nur noch warm machen muss."

> In Diskussionen sollte man gut zuhören und auf das **eingehen**, was die anderen sagen. **Paraphrasieren** bedeutet, dass ich die Diskussionsbeiträge von anderen mit meinen eigenen Worten wiedergebe.

4 Gib die Meinung von Person A mit eigenen Worten wieder **(paraphrasiere)**.

A: „Es ist wichtig, darauf zu achten, was man isst. Viel Zucker und Fett sind schlecht für die Gesundheit."

„Du bist also der Meinung, dass _____
_____
_____

Sachtexte hören und lesen

Sachtexten Informationen und Meinungen entnehmen

1. Um dich auf eine Diskussion vorzubereiten, liest du verschiedene Sachtexte. Lies den ersten Abschnitt des Textes von Ingo Neumayer.

   Ingo Neumayer

   Schulnoten

   Abschnitt A

   1 Seit wann gibt es Noten in der Schule?
   2 Warum reicht die Skala von der Eins bis
   3 zur Sechs? Und geht es nicht auch ohne?*

2. Lies den nächsten Abschnitt.

   Abschnitt B

   4   Die Kirche war viele Jahrhunderte für die Bildung verantwortlich.
   5   In Klöstern wurden meist adlige Kinder geschult.
   6   Der 1534 gegründete Orden der Jesuiten[1] führte in den
   7   Klosterschulen den Unterricht und das Klassensystem ein.
   8   Wer in eine höhere Klasse wollte, musste eine Prüfung ablegen.
   9   Zur Bewertung der Leistungen wurde das fünfstufige Notensystem
   10 eingeführt. Es bildet bis heute die Grundlage für die Noten an
   11 deutschen Schulen.
   12 Ab Mitte des 18. Jahrhunderts führte man die allgemeine Schulpflicht
   13 ein. Der Unterricht fand nun auch in Schulen statt.
   14 Dort gab es dreistufige und vierstufige Notensysteme. Zu Beginn
   15 des 20. Jahrhunderts vergaben die meisten deutschen Schulen
   16 fünf Noten.*

   [1] die Jesuiten: katholische Mönche

3. Erschließe den Inhalt von **Abschnitt B.**

   a Welches Thema behandelt der Text? Kreuze an.

   ☐ Einführung von Schulen

   ☐ Einführung von Noten

   ☐ Einführung von Prüfungen

   ☐ Einführung von Schulen in Klöstern

b Beantworte die folgenden Fragen. Schreibe die Antworten in Stichpunkten auf.

1 Wer war für die Bildung verantwortlich?

2 Welche Kinder durften lernen?

3 Wer führte das Klassensystem ein?

4 Lies den folgenden Abschnitt.

Abschnitt C

17 1938 wurde in ganz Deutschland die Note Sechs (ungenügend) eingeführt. Das
18 geschah wohl, weil zu viele Dreien vergeben wurden. Man vermutet, dass die mittlere
19 Note bei einem fünfstufigen System besonders oft vergeben wird. […]
20 In manchen Bundesländern werden auch die Mitarbeit und das Sozialverhalten
21 benotet. Meistens geschieht das mit einer vierstufigen Skala. Da diese Noten auf dem
22 Zeugnis oft über den Fächernoten stehen, nennt man sie Kopfnoten.*

5 Erschließe den Inhalt von **Abschnitt C.**

a Kreuze die richtigen Aussagen an.

☐ Die Note Sechs wurde 1983 in Deutschland eingeführt.

☐ Note Sechs bedeutet ungenügend.

☐ Einige Bundesländer vergeben Noten für Mitarbeit und Sozialverhalten.

☐ Kopfnoten gibt es meist von Note Eins bis Sechs.

☐ Die Noten über den Fächernoten heißen Sozialnoten.

b Korrigiere die falschen Aussagen aus Aufgabe 5 a. Schreibe auf die Zeilen.

Sachtexte hören und lesen

6 Es müssen nicht immer Noten verteilt werden. Es geht auch anders.

a Lies den letzten Abschnitt.

Abschnitt D

_____

23 Schon lange gibt es Kritik daran, dass Schüler mit Noten bewertet werden.
24 Anfang des 20. Jahrhunderts gab es die ersten Waldorf- und Montessori-Schulen.
25 Dort verzichtet man bis zur Oberstufe auf Zensuren. Begründung: Noten erzeugen zu
26 viel Druck. Außerdem können sie den Lernstand eines Schülers nicht richtig wieder-
27 geben. Stattdessen schätzen die Lehrer die Leistungen der Schüler anhand von
28 Gesprächen und schriftlichen Berichten ein.*

b An welchen Schulen gibt es keine Noten? Schreibe auf die Zeilen.

1 _____
2 _____

c Warum bekommen die Kinder an diesen Schulen keine Noten?
Vervollständige die Satzanfänge zu ganzen Sätzen.

Noten erzeugen

Noten können den Lernstand

Um Leistungen einzuschätzen, nutzt man

7 Lies noch einmal den gesamten Text.

a Ordne die Teilüberschriften den passenden Abschnitten zu.
Schreibe sie jeweils auf die Linie über dem Abschnitt.

| Ablehnung von Noten / Einführung der Sechs / Einführung von Noten |

b In welchem Abschnitt findest du die Antwort?
Schreibe den Buchstaben in das Kästchen.

☐ Warum reicht die Skala von der Eins bis zur Sechs?

☐ Geht es auch ohne Noten?

☐ Seit wann gibt es Noten in der Schule?

> **Sachliches Informieren** bedeutet: **unabhängig** über einen Sachverhalt oder ein Problem **berichten.** In manchen Sachtexten benennen die Autoren ihren **Standpunkt.** Sie führen **Argumente dafür** (pro) und **dagegen** (kontra) an. So können sich die Leser eine **eigene Meinung** bilden.

 8 Lies den **1. Abschnitt** eines weiteren Textes zum Thema Noten.

Brauchen wir Noten?

Behalten, Noten geben klare Orientierung

sagt Benjamin Breitegger

1. Abschnitt

1 Noten **sind ungerecht.** Kein Einspruch. Eine gerechte Bewertung wird es nie geben.
2 Noten erfüllen einen anderen Zweck: Sie **geben Orientierung.** Sie **sagen mir: Wie ist**
3 **meine Leistung im Moment?**
4 Außerdem gibt es noch die mündlichen Beurteilungen. Lehrerinnen und Lehrer
5 erklären den Kindern und Jugendlichen, was sie gut können und was nicht so gut.
6 Die Note ist nur eine Zusammenfassung der Leistungen. So **kann man sich mit den**
7 **Mitschülern in der Klasse vergleichen.** Die Note **kann motivieren, sich zu**
8 **verbessern.***

9 Bearbeite die folgenden Aufgaben zum **1. Abschnitt.**

a Welchen Standpunkt verrät der Autor in der Zwischenüberschrift? Kreuze an.

☐ Der Autor ist für die Notengebung.

☐ Der Autor ist gegen die Notengebung.

☐ Der Autor hat keine Meinung zum Thema Noten.

b Markiere im Text die fett gedruckten Argumente in unterschiedlichen Farben.

1 Farbe: Argumente für die Noten
2 Farbe: Argumente gegen die Noten

10 An wen könnte der Text gerichtet sein?
Wo könnte ein solcher Text zu finden sein? Schreibe mindestens zwei Ideen auf.

11 Lies den **2. Abschnitt**.

Selbst die Mehrheit der Schülerinnen und Schüler ist für Noten

9 In manchen Grundschulen gibt es schon heute keine Noten
10 mehr. Aber die meisten Lehrer vergeben ab der dritten
11 Klasse verbindliche Noten. Das Bildungsministerium erklärt:
12 „Noten sind gut, um Eltern und Schülern eine Rückmeldung
13 zu geben." Schülerinnen und Schüler wollen selbst Noten.
14 62 Prozent der befragten Jugendlichen waren gegen die
15 Abschaffung von Noten.*

12 Erschließe den Inhalt des **2. Abschnitts**.

a Was erfährst du aus der Zwischenüberschrift? Schreibe auf die Zeilen.

b Kreuze die richtigen Aussagen an.

☐ Heute gibt es in Grundschulen keine Noten mehr.

☐ Ab Klasse 3 vergeben die meisten Lehrer Noten.

☐ Die meisten Schülerinnen und Schüler wollen Noten.

☐ 62 Prozent der befragten Jugendlichen waren für die Abschaffung von Noten.

c Korrigiere die falschen Aussagen aus Aufgabe 12 b.
Für die Korrektur hilft dir der **2. Abschnitt**.
Schreibe die richtigen Antworten auf die Zeilen.

d Markiere im Text zwei Argumente für Noten.

 13 Welche Meinung hast du zum Thema Noten?
Sprich mit einer Partnerin oder einem Partner darüber.
Begründe deine Meinung.

Sachtexten Informationen und Meinungen entnehmen 13

Ein Diagramm erschließen

1 Sieh dir das Diagramm zum Thema Schulnoten an.

Abschaffung der Schulnoten

Bist du (Sind Sie) dafür oder dagegen, dass Schulnoten abgeschafft werden?
(Angaben in Prozent)

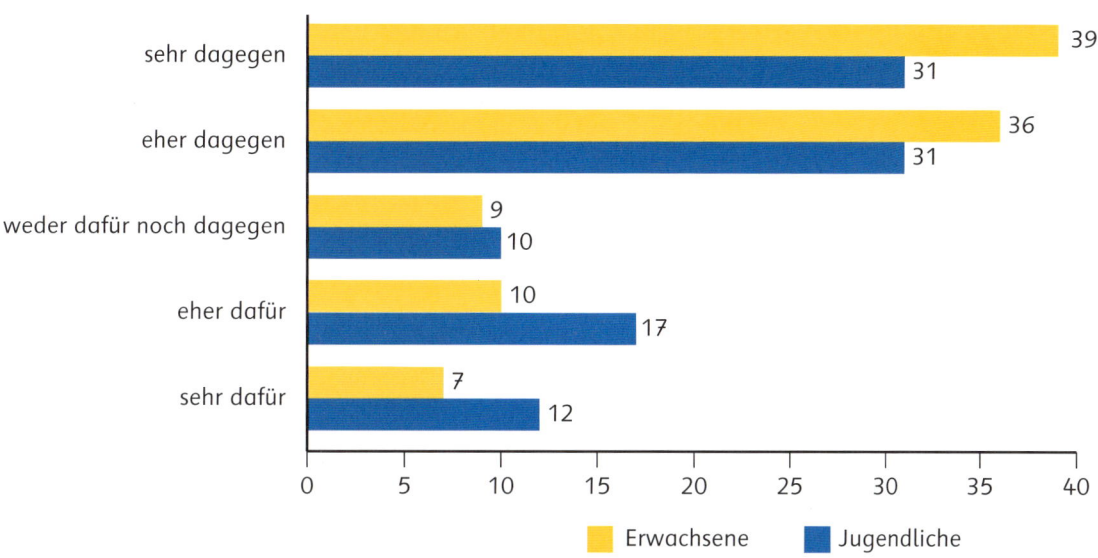

(Daten des ifo Instituts – Leibniz-Institut für Wirtschaftsforschung an der Universität München e.V.)

2 Was sagt das Diagramm aus? Kreuze die richtige Lösung an.

☐ Es stellt die Meinung von Erwachsenen zu Schulnoten dar.

☐ Es zeigt die Meinung von Erwachsenen und Jugendlichen zu Schulnoten.

☐ Es informiert über die Meinung von Jugendlichen zu Schulnoten.

3 Was zeigen die Achsen des Diagramms?
Lies die beiden Sätze unter der Aufgabe.
Markiere jede Achse des Diagramms in der Farbe des Satzes, der sie beschreibt.

<mark style="background-color: #c8e6c9">Die y-Achse zeigt die Meinung zur Abschaffung von Schulnoten.</mark>

<mark style="background-color: #ffccbc">Auf der x-Achse finden sich die Prozentangaben in Fünferschritten (von 0 bis 40).</mark>

4 Im Diagramm findest du Balken in Blau und Gelb.
Markiere die Begriffe unten in der zugehörigen Farbe aus dem Diagramm.

Jugendliche   **Erwachsene**

14 Sachtexte hören und lesen

5 Es gibt verschiedene Arten von Diagrammen.
Um welche Art von Diagramm handelt es sich bei **Abschaffung der Schulnoten**?
Markiere den richtigen Begriff im Kasten.

> Kreisdiagramm / Balkendiagramm / Säulendiagramm / Kurvendiagramm

6 Erfasse den Inhalt des Diagramms genauer.
Sind die folgenden Aussagen richtig oder falsch? Kreuze an.

	richtig	falsch
39 Prozent der Jugendlichen sind sehr gegen die Abschaffung der Schulnoten.		
Es sind gleich viele Jugendliche sehr gegen und eher gegen die Abschaffung der Schulnoten.		
Weder für noch gegen die Abschaffung der Schulnoten sind mehr Jugendliche als Erwachsene.		
Die meisten Erwachsenen sind sehr für eine Abschaffung der Schulnoten.		
Mehr Jugendliche sind sehr für eine Abschaffung der Schulnoten als sehr dagegen.		

7 Der Lückentext unten wertet das Diagramm aus.
Setze die Wörter aus dem Wortkasten richtig in die Lücken ein.

> weniger Erwachsene / fast die gleiche Meinung / mehr Erwachsene / Jugendlichen /
> dafür noch dagegen

31 Prozent der _____ sind sehr gegen die Abschaffung der

Schulnoten. Bei der Entscheidung „weder _____"

vertreten Erwachsene und Jugendliche _____.

Es sind _____ gegen die Abschaffung der Schulnoten als

Jugendliche. _____ sind sehr für die Abschaffung der

Schulnoten.

Einen Sachtext hörend erschließen

1 Beim Hören von Sachtexten musst du einiges beachten.

 a Lass dir die Überschrift von einer Partnerin oder einem Partner vorlesen.

 b Worum geht es im Text? Markiere, was die Überschrift verrät.

> Gründe für mündliche Noten / Vorteile und Nachteile von Beurteilungen in Textform

 c Lass dir den Text zunächst im Ganzen vorlesen. Höre genau zu.
Lass dir danach jeden Abschnitt einzeln mehrfach vorlesen.
Beantworte jeweils im Anschluss die Frage zu dem Abschnitt.

Das Für und Wider von Textbeurteilungen

1. Abschnitt

1 Immer wieder wird gefordert, in Schulen auf Noten zu verzichten. Statt Noten soll es
2 schriftliche Einschätzungen geben. Solche Beurteilungen können längere Texte sein,
3 die am Schuljahresende verteilt werden. Aber auch kürzere Texte zu
4 Aufgabenlösungen und Kontrollarbeiten sind möglich. Der Vorteil von schriftlichen
5 Einschätzungen liegt darin, dass man gute und schlechte Leistungen genauer
6 benennen kann. Das kann die Schülerinnen und Schüler zu einer Verbesserung der
7 Leistungen anspornen.

 d Welche **Vorteile** haben Textbeurteilungen? Schreibe zwei Vorteile in dein Heft.

2. Abschnitt

8 Gegner von schriftlichen Einschätzungen meinen, dass Lehrerinnen und Lehrern die
9 Zeit fehlt, um alle Bewertungen schriftlich zu formulieren. Außerdem lassen sich nicht
10 alle Leistungen und Entwicklungen sprachlich genau benennen. Erfahrungen zeigen,
11 dass Schüler die Kommentare häufig nicht verstehen. Oft lesen sie die Beurteilungen
12 gar nicht.

 e Welche **Nachteile** haben Textbeurteilungen? Schreibe vier Nachteile in dein Heft.

3. Abschnitt

13 Warum sollte man ein bewährtes Notensystem abschaffen? Wichtiger wäre, die
14 Notengebung durch Lerngespräche zu ergänzen.

f Zu welchem **Ergebnis** kommt **der Autor**? Schreibe auf.

Teste dich selbst!

1 Erschließe den folgenden Sachtext.

a Lies zuerst nur die Überschrift.

„Die Kinderrechte werden in allen Staaten verletzt – auch in Deutschland"

Interview mit Sofía García García, Vertreterin der SOS-Kinderdörfer bei den Vereinten Nationen in New York

b Worum geht es in dem Text? Kreuze an.

☐ Der Text informiert über Schulen weltweit.

☐ Im Text geht es um die Rechte der Kinder in Deutschland.

☐ Thema des Textes sind die Rechte von Kindern in der ganzen Welt.

2 Bearbeite die folgenden Aufgaben zum **1. Abschnitt**.

a Lies den 1. Abschnitt.

1. Abschnitt

Wie steht es jetzt um die Kinderrechte weltweit?

1 Es gab große Fortschritte. Trotzdem missachten noch immer viele Staaten die Rechte
2 der Kinder. Überall auf der Welt leben Kinder in Armut. Viele Kinder werden zu
3 Kinderarbeit gezwungen. Oft werden sie davon krank.
4 Nach wie vor können weltweit Millionen Mädchen und Jungen nicht in die Schule
5 gehen. Sie leiden besonders unter Kriegen, Flucht und Vertreibung.*

b Wie steht es jetzt um die Kinderrechte weltweit? Kreuze an.

☐ Es geht allen Kindern gut.

☐ Es gab keine Fortschritte. Die Lage der Kinderrechte ist überall schlecht.

☐ Noch immer missachten viele Staaten die Rechte der Kinder.

c Worunter leiden Kinder besonders? Markiere im 1. Abschnitt.

3 Bearbeite die folgenden Aufgaben zum **2. Abschnitt**.

a Lies den 2. Abschnitt.

2. Abschnitt

Werden die Kinderrechte auch in Industrieländern verletzt?

6 Leider ja, wir beobachten die Verletzungen in jedem Land. Auch in Deutschland
7 gibt es Kinderarmut. Kinder aus ärmeren Familien haben schlechtere Chancen auf
8 Bildung. Oft leiden sie unter Ausgrenzung. Es gibt bereits Unterstützung für diese
9 Familien. Die SOS-Kinderdörfer setzen sich bei den Vereinten Nationen sehr für die
10 Unterstützung ein.*

b Welche Verletzungen von Kinderrechten gibt es in Deutschland? Schreibe auf.

c Kreuze die richtigen Aussagen an.

☐ Nur in armen Ländern werden Kinderrechte verletzt.

☐ In Deutschland haben alle Kinder die gleichen Chancen auf Bildung.

☐ Kinder aus ärmeren Familien werden benachteiligt.

☐ SOS-Kinderdörfer setzen sich für Kinderrechte ein.

4 Erschließe das folgende Diagramm.

a Sieh dir das Balkendiagramm genau an.

Elternlose oder verlassene Kinder, die in SOS-Kinderdörfern betreut werden

Region	Anzahl
weltweit	39 775
Afrika	13 864
Amerika	5 487
Asien	16 613
Europa	3 764
Ozeanien	47

Zahlen aus: www.sos-kinderdoerfer.de

b Beantworte die folgenden Fragen.

1 Wie viele Kinder werden weltweit in SOS-Kinderdörfern betreut?

2 Auf welchem Kontinent werden die meisten Kinder betreut?

Sich schriftlich mit Problemen auseinandersetzen – Erörtern

Erörterungen schreiben

> Bei einer **Erörterung** setzt du dich mit einem **Problem** oder einer **Frage** auseinander. Du formulierst deine **Meinung**. Mithilfe von **Argumenten** (Begründungen und Beispielen) begründest du deinen Standpunkt.

1 In einer Online-Zeitschrift erschienen zwei Beiträge zu einem Thema. Lies zunächst den **1. Abschnitt** von **Beitrag 1**.

Beitrag 1 der Redaktion von *Schule-Online*

1. Abschnitt

1. Soll die Schule später beginnen?
2. Über diese Frage wird seit einiger Zeit viel diskutiert.
3. Schlafforscherinnen und Schlafforscher fordern, dass
4. der Unterricht erst um 9:00 Uhr beginnt.
5. Manche Eltern und auch einige Schülerinnen und Schüler
6. sind anderer Meinung. Ist die Forderung also richtig?

2 Bearbeite die folgenden Aufgaben zum **1. Abschnitt**.

a Um welches Thema geht es? Kreuze an.

☐ Online-Unterricht an Schulen

☐ späterer Schulbeginn

☐ Schlafenszeit von Jugendlichen

☐ Forschung im Schlaflabor

b Was fordern Schlafforscherinnen und Schlafforscher? Schreibe die Antwort auf die Zeilen.

Schlafforscherinnen und Schlafforscher fordern

c Manche Eltern und einige Schülerinnen und Schüler sind anderer Meinung. Was könnte ihre Begründung sein? Schreibe deine Vermutung auf.

Erörterungen schreiben 19

3 Bearbeite die folgenden Aufgaben zum **2. Abschnitt**.

a Lies den **2. Abschnitt**.

2. Abschnitt

7 Sollte der Unterricht tatsächlich später beginnen?
8 Wir meinen, ja. Die Schlafforschung bestätigt, dass
9 vor allem Jugendliche zu wenig Schlaf bekommen.
10 Sie kommen zu spät ins Bett und müssen zu früh raus.
11 Man weiß inzwischen, dass Jugendliche abends erst
12 später einschlafen können.
13 Beobachtungen zeigen, dass Kinder und Jugendliche
14 frühmorgens müde und nicht leistungsfähig sind.
15 Einige Untersuchungen belegen sogar, dass bei einem
16 späteren Schulbeginn weniger Unfälle auf dem Schulweg
17 passieren. Das liegt daran, dass die Kinder und Jugendlichen
18 aufmerksamer sind.
19 Auch dem Familienleben tut es gut, wenn Eltern ihre Kinder
20 morgens nicht ständig zur Eile mahnen müssen.

b Markiere im 2. Abschnitt die Beispiele (**Argumente**) für einen späteren Unterrichtsbeginn.

4 Bearbeite die folgenden Aufgaben zum **3. Abschnitt**.

a Lies den **3. Abschnitt**.

3. Abschnitt

21 Es wäre also richtig und wichtig, endlich einen Unterrichtsbeginn um frühestens
22 9:00 Uhr zu beschließen. *(Redaktion, Schule-Online, 17.03.20..)*

b Fasse die Meinung der Redaktion von *Schule-Online* mit eigenen Worten zusammen.

> So baut man eine Erörterung auf:
> - **Einleitung:** – **Thema** nennen, Problem beschreiben,
>   – Interesse der Leserinnen und Leser wecken,
>   – Frage formulieren,
> - **Hauptteil:** – den eigenen **Standpunkt** als Aussage oder Behauptung formulieren,
>   – den Standpunkt durch **Argumente** (Begründungen und Beispiele) begründen (wichtigstes Argument steht am Anfang oder Schluss),
> - **Schluss:** – mit Bezug auf die Aussage oder Behauptung die **eigene Meinung** zusammenfassen,
>   – Schlussfolgerungen für das Handeln ableiten.

5 Die drei Abschnitte des Textes entsprechen den drei Bausteinen einer Erörterung. Schreibe den Namen des Bausteins jeweils auf die Linie über dem Abschnitt.

Tipp
Die drei Bausteine einer Erörterung findest du im Merkkasten.

6 Lies nun die **Einleitung** von **Beitrag 2**.

Beitrag 2 von Bruno Marwil (Schüler)

Einleitung

1 Schlafforscherinnen und Schlafforscher fordern, dass der Unterricht später beginnen
2 soll. Ich spreche mich trotzdem dagegen aus.

7 Welchen Standpunkt vertritt Bruno Marwil? Kreuze an.

☐ Der Autor ist für einen späteren Unterrichtsbeginn.

☐ Der Autor ist gegen einen späteren Unterrichtsbeginn.

8 Bearbeite die folgenden Aufgaben zum **Hauptteil**.

a Lies den **Hauptteil**.

Hauptteil

3 Ein späterer Unterrichtsbeginn führt dazu, dass mehr Unterricht auf den Nachmittag
4 verschoben wird. Man könnte zum Beispiel kaum noch Sport treiben oder
5 Musikschulen besuchen. Man hat dann auch keine Zeit mehr für Hobbys. Außerdem
6 können Jugendliche nicht mehr beim Einkaufen helfen oder Geschwister betreuen.

b Der Autor führt Begründungen und Beispiele **(Argumente)** an.
Suche alle Argumente im Hauptteil und markiere sie.

c Welche Funktion haben die Argumente im Hauptteil? Kreuze an.

☐ Sie zeigen die Vorteile eines späteren Unterrichtsbeginns.

☐ Sie zeigen die Nachteile eines späteren Unterrichtsbeginns.

Erörterungen schreiben 21

9 Bearbeite die folgenden Aufgaben zum **Schluss**.

a Lies den **Schluss**.

Schluss
7 Ein Unterrichtsbeginn um 8:00 Uhr ist für mich also völlig in Ordnung. Lasst
8 uns bei dem üblichen Unterrichtsbeginn bleiben. *(Bruno Marwil, Schüler, 18.04.20..)*

b Fasse die Meinung von Bruno Marwil mit eigenen Worten zusammen.

10 Entscheide dich für einen Standpunkt, wann der Unterricht beginnen soll. Nenne zwei Argumente, die deinen Standpunkt begründen. Schreibe Sätze auf.

Tipp
Du kannst Argumente aus Beitrag 1 oder Beitrag 2 aufgreifen oder neue Argumente formulieren.

Mein Standpunkt:

1. Argument:

2. Argument:

Mitteilungen verfassen

Beschwerden und Reklamationen schreiben

> Mit einer **Beschwerde** teilt man seine **Unzufriedenheit** mit und **erhebt Einspruch**.

1 Die Klasse 8 b hat von der Neugestaltung des Schulhofes erfahren.

a Lies ihre offizielle Beschwerde an den Schulleiter.

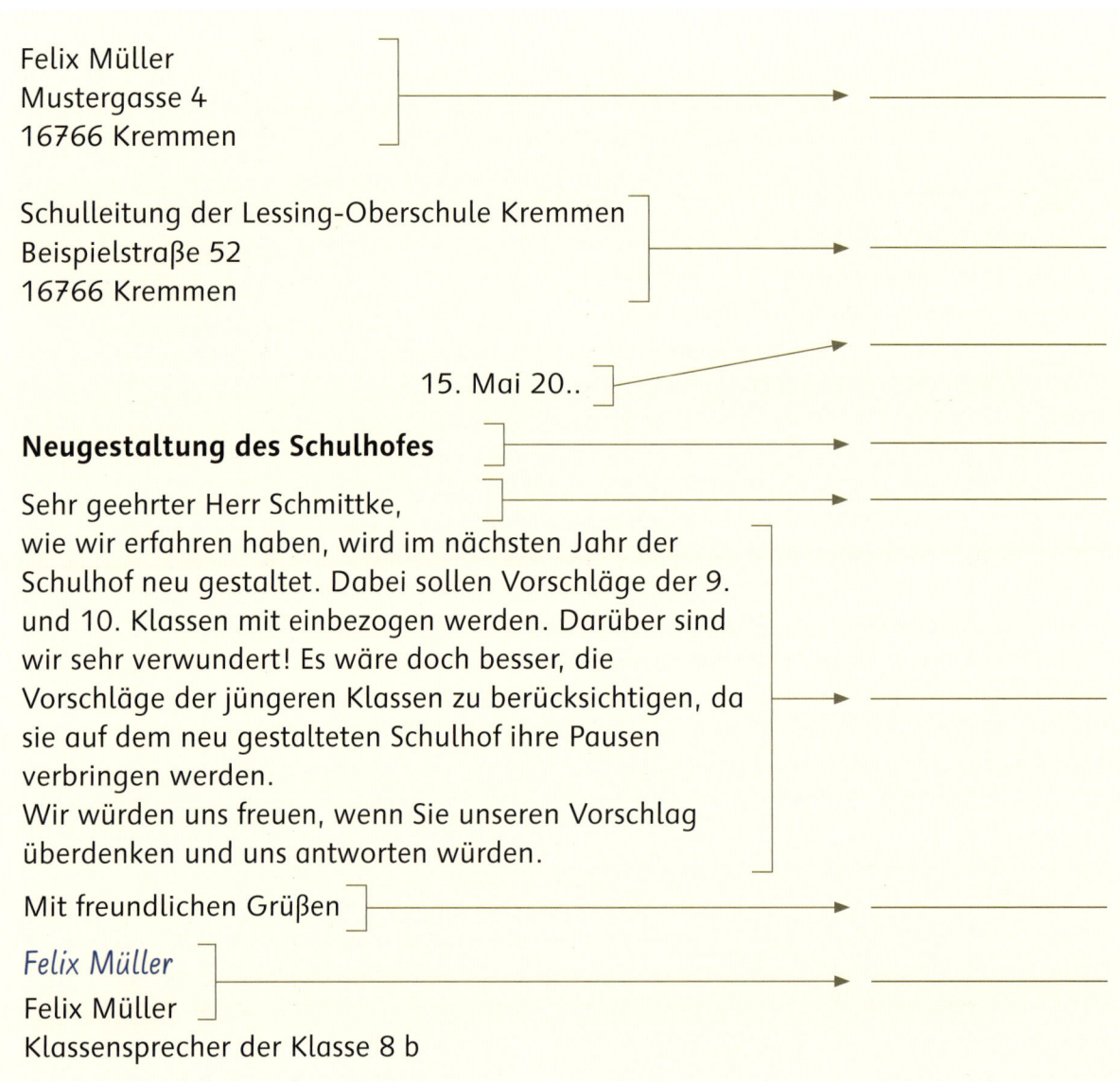

Felix Müller
Mustergasse 4
16766 Kremmen

Schulleitung der Lessing-Oberschule Kremmen
Beispielstraße 52
16766 Kremmen

15. Mai 20..

Neugestaltung des Schulhofes

Sehr geehrter Herr Schmittke,
wie wir erfahren haben, wird im nächsten Jahr der Schulhof neu gestaltet. Dabei sollen Vorschläge der 9. und 10. Klassen mit einbezogen werden. Darüber sind wir sehr verwundert! Es wäre doch besser, die Vorschläge der jüngeren Klassen zu berücksichtigen, da sie auf dem neu gestalteten Schulhof ihre Pausen verbringen werden.
Wir würden uns freuen, wenn Sie unseren Vorschlag überdenken und uns antworten würden.

Mit freundlichen Grüßen

Felix Müller
Felix Müller
Klassensprecher der Klasse 8 b

b Felix' Brief hat wie alle offiziellen Briefe einen besonderen Aufbau. Nutze die Begriffe im Wortkasten und beschrifte die Teile des Briefs. Schreibe auf die Linien.

> der Absender / der Empfänger / das Datum / der Betreff / die Anrede / der Brieftext / die Grußformel / die Unterschrift

Beschwerden und Reklamationen schreiben 23

Eine **Reklamation** ist eine **Mängelanzeige** zu einer Ware.

2 Ben bekam gestern ein Fahrrad geliefert, bei dem das Rücklicht fehlt.
Er schreibt eine Reklamation an Fahrradladen@beispiel.de
in Form einer offiziellen E-Mail.

An: _____
Betreff: Reklamation zum Kaufvertrag Nr. 1234

_____ Damen und Herren,

gestern wurde mein bestelltes Fahrrad (Kaufvertrag Nr. 1234)

geliefert.

_____

_____

_____

Mit freundlichen Grüßen

Ben Täumle

a Trage die E-Mail-Adresse in die richtige Zeile ein.

b Offizielle Briefe beginnen mit einer höflichen Anrede.
   Wähle die passende Anrede aus dem Wortkasten.
   Schreibe sie auf die richtige Schreiblinie.

   Hallo / Guten Tag / Sehr geehrte / Liebe

c Im Hauptteil der Reklamation beschreibt man zuerst den Fehler.
   Dann schreibt man, wie der Fehler behoben werden soll.
   Schreibe die Sätze aus dem Wortkasten in der richtigen Reihenfolge auf die Zeilen.

   Hiermit bitte ich um Nachsendung des Rücklichts. / Leider fehlte das Rücklicht.

d Am Schluss von offiziellen Schreiben steht eine höfliche Grußformel.
   Hat sich Ben daran gehalten? Kreuze an.

   ☐ Nein, seine Grußformel ist für einen Freund bestimmt.

   ☐ Ja, seine Grußformel entspricht einer offiziellen E-Mail.

Sich und andere informieren

Medien untersuchen

Nachrichten in verschiedenen Medien untersuchen

1 Wo informierst du dich über das, was in der Welt passiert? Kreuze an.

☐ Fernsehen

☐ Chatgruppe

☐ Internet

☐ Zeitung

☐ Radio

2 In sozialen Netzwerken kann man sich über Nachrichten informieren.

a Welche sozialen Netzwerke kennst du? Schreibe auf.

b Welcher Aussage stimmst du zu? Kreuze an.

☐ Alle Nachrichten in sozialen Netzwerken sind wahr.

☐ Man darf nicht alles glauben, was in sozialen Netzwerken steht.

3 Lies den Merkkasten über Medien.

> Bücher, Zeitungen, Zeitschriften, Radio, Film, Fernsehen und Computer sind **Medien**.
> Mit Medien kann man sich informieren, sich verständigen oder entspannen.
> Es gibt **gedruckte Medien:** Zeitschriften, Zeitungen, Bücher, Kataloge, Pläne, Postkarten, Kalender und Poster.
> Im Internet kann man Zeitungen und Zeitschriften auch **digital** lesen.

a Welche Medien kennst du? Unterstreiche sie im Merkkasten.

b Welche Medien benutzt du gern und oft? Schreibe auf.

4 In welcher Form findest du Zeitungen besser? Kreuze an.

☐ gedruckt

☐ digital

Nachrichten in verschiedenen Medien untersuchen

5 Lies die folgende Nachricht.

161 Halteverbotsschilder an einer Straße in Lübeck

1 In der Stadt Lübeck wurden 161 Halteverbots-
2 Schilder an einer Straße aufgestellt. Am
3 Straßenrand dürfen wegen Bauarbeiten keine
4 Autos parken. So begründete eine Sprecherin
5 der Stadt Lübeck die vielen Schilder. Die
6 einzelnen Parkplätze sind voneinander
7 getrennt. Zwischen den Parkplätzen stehen
8 Bäume oder wächst Gras. Die Sprecherin sagt:
9 Wenn wir nur ein Halteverbots-Schild
10 aufstellen, gibt es vielleicht Missverständnisse. Die Autofahrer verstehen nicht,
11 wo das Halteverbot gilt. Deshalb hat am Mittwoch jeder Parkplatz ein eigenes
12 Halteverbots-Schild bekommen.*

6 Untersuche die Nachricht. Beantworte dafür die W-Fragen.

Was ist das Ereignis?

Wo findet das Ereignis statt?

Wer ist beteiligt?

Wann findet das Ereignis statt?

Warum findet das Ereignis statt?

In Zeitungen und Zeitschriften stehen unter anderem Nachrichten. Eine **Nachricht** enthält Informationen über ein Ereignis, das viele Menschen interessiert. Die Informationen geben Antworten auf W-Fragen, zum Beispiel:

Was für ein Ereignis?	**Wo** fand das Ereignis statt?
Wer war beteiligt?	**Wann** fand das Ereignis statt?
Wie lief das Ereignis ab?	**Warum** kam es zu dem Ereignis?

Informationen suchen

Umfragen auswerten

1 Für eine Studie wurden Jugendliche gefragt, wie viele digitale Geräte sie besitzen. Das Ergebnis der Umfrage wird in einem Diagramm dargestellt.

a Sieh dir das Diagramm an.

Gerätebesitz von Jugendlichen 2021 – Vergleich 2020 (Auswahl)

(Angaben in Prozent, jeweils 1200 Befragte zwischen 12 und 19 Jahren)

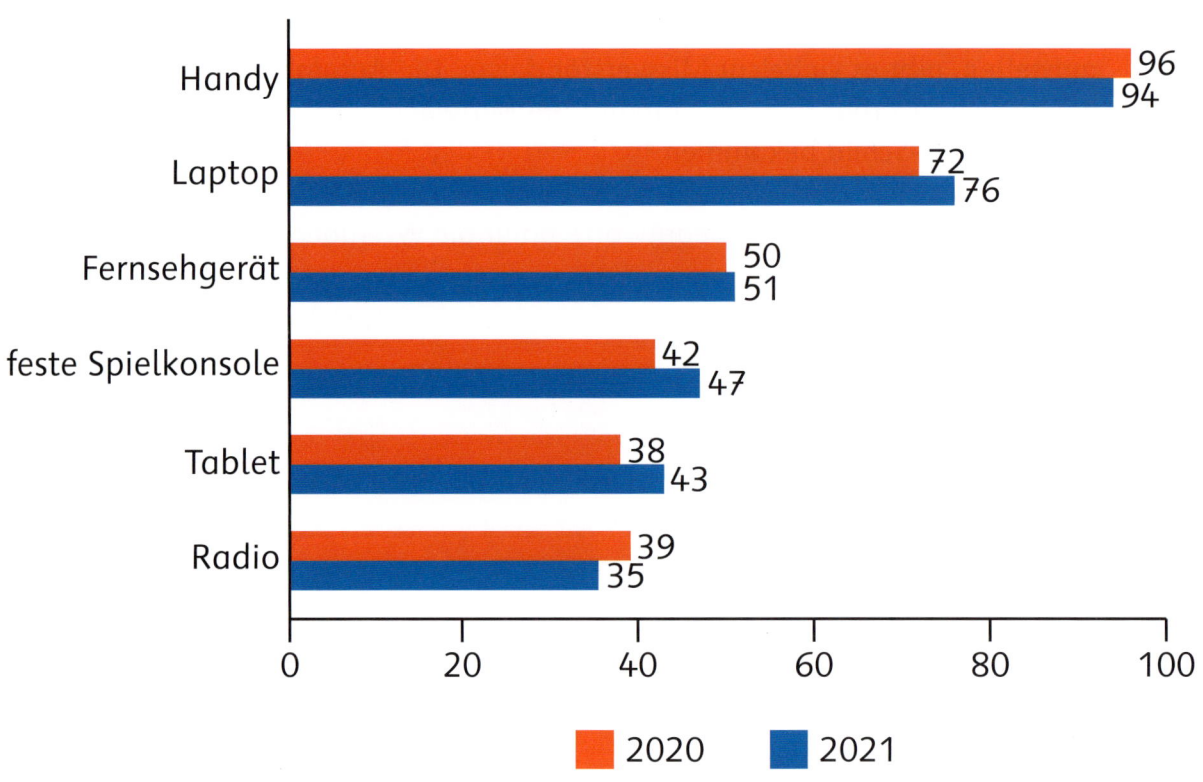

(Zahlen aus: JIM-Studie 2021 – Jugend, Information, Medien)

b Was ist das für ein Diagramm? Lies den Merkkasten und schreibe auf die Linie.

Ergebnisse von Umfragen können in **Diagrammen** dargestellt werden. Es gibt verschiedene Arten von Diagrammen, zum Beispiel:
Balkendiagramm: Die Balken verlaufen von links nach rechts. Je länger der Balken ist, desto größer sind die Werte.
Säulendiagramm: Die Säulen verlaufen von unten nach oben. Je höher die Säulen sind, desto größer sind die Werte.
Kreisdiagramm: Die Werte werden wie Tortenstücke dargestellt. Je größer das Stück, desto größer sind die Werte.

Umfragen auswerten 27

2 Beantworte die Fragen zu dem Diagramm.

1 Worum geht es in dem Diagramm?

> **Tipp**
> Lies die Überschrift.

2 Wie viele Jugendliche wurden befragt?

3 Wie alt sind die befragten Jugendlichen?

4 Welches Gerät haben die Jugendlichen am häufigsten genannt?

5 Welches Gerät haben die Jugendlichen am seltensten genannt?

6 Welche beiden Geräte haben die Jugendlichen im Jahr 2021 seltener genannt als im Jahr 2020?

> **Tipp**
> Wo ist ein roter Balken länger als ein blauer Balken?

3 Fülle den Fragebogen aus. Kreuze an, was für dich zutrifft.

Welche digitalen Geräte besitzt du selbst?

☐ Handy ☐ Laptop ☐ Fernseher

☐ Spielkonsole ☐ Tablet ☐ Radio

Welche digitalen Geräte nutzt du am meisten?
Kreuze höchstens 3 Geräte an.

☐ Handy ☐ Laptop ☐ Fernseher

☐ Spielkonsole ☐ Tablet ☐ Radio

Wofür benutzt du die digitalen Geräte vor allem?
Kreuze höchstens 2 Tätigkeiten an.

☐ um mich zu informieren ☐ zur Unterhaltung

☐ zum Lernen ☐ zur Entspannung

☐ um mich mit anderen zu verständigen

Präsentieren

1 Bringe die Schritte zur Vorbereitung einer Präsentation in eine sinnvolle Reihenfolge. Schreibe dazu in die Kästchen die Nummern 1, 2, 3, 4, 5.

☐ Bringe die Karteikarten mit den Informationen in eine sinnvolle Reihenfolge.

☐ Suche Texte und Material zu dem Thema.

☐ Sammle Fragen, die dir zu deinem Thema einfallen.

☐ Schreibe wichtige Informationen aus dem Material auf Karteikarten.

☐ Formuliere eine Einleitung und einen Schluss.

2 Das Thema einer Präsentation ist: **Die beliebtesten elektronischen Geräte von Jugendlichen.** Unterstreiche Fragen, die zu dem Thema passen.

Welche elektronischen Geräte besitzen Jugendliche am häufigsten?

Was essen Jugendliche am liebsten?

Waren manche Geräte bei Jugendlichen 2020 beliebter als 2021?

Welche elektronischen Geräte sind bei Jugendlichen weniger beliebt?

Was ist deine Lieblings-Sendung im Fernsehen?

3 Wo kannst du Material zu dem Thema finden? Schreibe auf.

4 Der Text informiert über das Thema Jugendliche und elektronische Geräte.

a Lies den Text.

1 Wenn man die Jahre 2020 und 2021 vergleicht, stellt man fest: Die Mediennutzung
2 von Jugendlichen hat sich leicht verändert. Manche Geräte sind aber in beiden Jahren
3 fast gleich beliebt.
4 Fast 100 % der Jugendlichen haben ein eigenes Handy (zwischen 94 % und 96 %).
5 Auf Platz 2 kommt der Laptop (zwischen 72 % und 76 %). Fast die Hälfte aller
6 Jugendlichen hat ein eigenes Fernsehgerät. Auf Platz 4 und 5 folgen Spielkonsolen
7 und Tablets. Ein eigenes Radio haben nur wenige Jugendliche (zwischen 35 % und
8 39 %).
9 Allgemein kann man sagen: Im Jahr 2021 hatten die Jugendlichen mehr Laptops,
10 Fernsehgeräte, Spielkonsolen und Tablets als im Jahr 2020. Nur Handy und Radio
11 haben die Jugendlichen 2021 seltener genannt als 2020.

b Unterstreiche wichtige Informationen im Text.

Tipp
Die Fragen aus Aufgabe 2 helfen dir.

c Schreibe die wichtigsten Informationen in Stichpunkten auf die Karteikarten.

[Vier leere Karteikarten mit Ankreuzkästchen]

5 Bringe die Karteikarten in eine sinnvolle Reihenfolge. Schreibe dazu in die Kästchen die Nummern 1, 2, 3, 4.

6 Schreibe einen **Einleitungssatz** für die Präsentation.

> Die meisten von euch haben Handys und Tablets. / Ich möchte über … berichten. / beliebteste Geräte

7 Am **Schluss** einer Präsentation wiederholst du das Wichtigste und bedankst dich. Verbinde dafür die passenden Satzteile.

1 In meiner Präsentation ging es um	A sind Handy, Laptop und Fernsehgerät.
2 Die 3 beliebtesten Geräte von Jugendlichen	B Jugendliche und ihre elektronischen Geräte.
3 Im Jahr 2021 hatten die Jugendlichen	C weniger Handys und Radios als 2020.
4 Vielen Dank, dass ihr mir so lange	D zugehört habt.

Sich um ein Praktikum bewerben

Einen Praktikumsplatz suchen

1 Was ist ein Praktikum?

a Lies den Text genau durch.

In einem Praktikum **sammelt** man **Erfahrungen** in einem **Betrieb**. Dabei erfährt man etwas über **Berufe**. Das Praktikum **dauert ein paar Tage oder Wochen**. Im Praktikum kann man unterschiedliche **Berufsfelder kennen lernen** und **Tätigkeiten ausprobieren**. So weiß man genauer, was einem **Freude macht** und **was nicht** so sehr. Das Praktikum findet **während der Schulzeit** statt, in der 8. oder 9. Klasse.

b Schreibe Stichpunkte zum Praktikum auf die Linien.

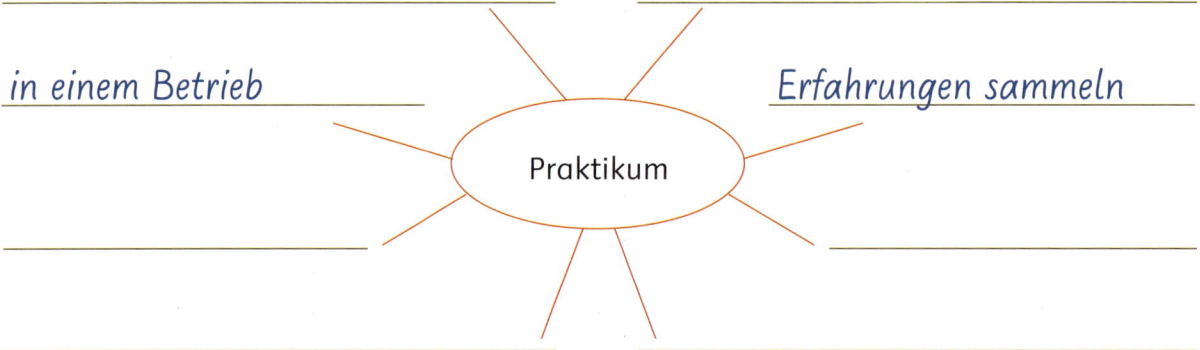

in einem Betrieb   *Erfahrungen sammeln*

Praktikum

2 In verschiedenen Berufsfeldern gibt es unterschiedliche Berufe.

a Verbinde die Berufe 1 bis 5 mit den Berufsfeldern A bis E.

1 Tischler/-in	A Gastgewerbe
2 Altenpfleger/-in	B Technik und Elektronik
3 Mechatroniker/-in	C Gesundheit und Pflege
4 Köchin/Koch	D Handwerk
5 Industriekaufmann/-frau	E Wirtschaft, Verwaltung

b Unterstreiche die Berufe, die dich interessieren.

3 Überlege, was du gut kannst und was weniger gut.
Setze ein Ausrufezeichen hinter alles, was auf dich zutrifft.

gern körperlich arbeiten ___   gut mit Menschen umgehen ___

genau arbeiten ___   gern draußen arbeiten ___

handwerklich geschickt ___   gut zeichnen ___

technisch interessiert ___   gewissenhaft und ordentlich ___

Bewerbungen schreiben

> Ein **Bewerbungsschreiben** besteht aus:
> - einem Bewerbungssatz,
> - einer Vorstellung der Bewerberin oder des Bewerbers,
> - einem Grund für die Bewerbung,
> - der Bitte um ein Gespräch.

 1 Lies das Bewerbungsschreiben von Lina.

Lina Weber
Musterstraße 78
99441 Mellingen ⟶ Name und Adresse

lina.weber@beispiel.de ⟶ Mailadresse

Tel.: 0162 2083640 ⟶ Telefonnummer

Hotel Stadtwappen
Herrn P. Siebart
Marktplatz 1
99423 Weimar ⟶ Adresse des Unternehmens

Mellingen, 12.11.20.. ⟶ Ort und Datum

Bewerbung um einen Praktikumsplatz ⟶ Betreff

Sehr geehrter Herr Siebart, ⟶ Anrede

in Ihrer Mail vom 10. November haben Sie mir einen Praktikumsplatz angeboten. Ich bewerbe mich um ein Praktikum für die Zeit vom 10. bis 29. März.

Zurzeit besuche ich die 8. Klasse der Friedrich-Schiller-Schule in Weimar. Ich arbeite und spreche gern mit anderen Menschen.

Ich möchte die Arbeitsabläufe in einem Hotel kennen lernen. Mich interessieren besonders Aufgaben von einem Zimmermädchen oder einer Köchin.

Ich freue mich auf die Einladung zu einem Gespräch.

Mit freundlichen Grüßen ⟶ Grußformel
Lina Weber ⟶ Unterschrift

 2 Ergänze auf den Schreiblinien die Bestandteile von dem Bewerbungsschreiben. Nutze den Merkkasten.

3 Entwirf ein eigenes Bewerbungsschreiben. Lege dazu ein liniertes DIN-A4-Blatt neben Linas Bewerbung.

a Schreibe oben auf das Blatt deine eigene Adresse und die Anschrift des Unternehmens. Achte auf eine saubere Handschrift.

b Ergänze Ort und Datum. Schreibe in die Zeile darunter den Anlass des Briefes, also einen Betreff.

c Formuliere den Brieftext. Beginne mit der Anrede und einem Bewerbungssatz.

Sehr geehrte Frau ... / Sehr geehrter Herr ...,

hiermit bewerbe ich mich in Ihrer Firma / in Ihrem Unternehmen um ...

> **Tipp für Aufgabe 3 d**
> Was kannst du gut? Schau dir an, wo du bei Aufgabe 3 auf Seite 30 Ausrufezeichen gesetzt hast.

d Stelle dich vor. Schreibe etwas über dich selbst und deine Eigenschaften.

e Nenne Gründe, warum du dich für diesen Praktikumsplatz bewirbst.

f Formuliere am Schluss die Bitte um ein persönliches Gespräch und eine höfliche Grußformel. Vergiss nicht deine Unterschrift.

g Hefte dein Bewerbungsschreiben in einem Ordner ab. Du kannst es später als Vorlage verwenden und anpassen.

4 Lina hat für ihre Bewerbung auch einen Lebenslauf geschrieben. Lies ihren Lebenslauf.

Lebenslauf

Name	Lina Weber
Adresse	Musterstraße 78, 99441 Mellingen
Telefon	0162 2083640
E-Mail	lina.weber@beispiel.de
Geburtsdatum	12. März 2010
Familie	Vater: Thomas Bauer, Hotelkaufmann
	Mutter: Sylvia Weber, Friseurin
seit 08/2020	Friedrich-Schiller-Schule Weimar
08/2016–07/2020	Grundschule Mellingen
Sprachen	Englisch
Volleyball	seit 2020 SV Eintracht Mellingen

Mellingen, 12. November 20..

Lina Weber

Bewerbungen schreiben 33

5 Der Lebenslauf hat einen besonderen Aufbau.

 a Lies im Merkkasten, was in einen Lebenslauf gehört.

> Zu einer Bewerbung gehört auch ein **tabellarischer Lebenslauf.** Tabellarisch bedeutet, dass er kurz und übersichtlich ist. Es genügt, Stichpunkte aufzuschreiben. Folgende **Angaben** muss der Lebenslauf enthalten: den Namen, die Adresse, die Telefonnummer, die Mailadresse, das Geburtsdatum, die Schulbildung, Kenntnisse und Interessen. Ein Passfoto und Angaben zu Eltern und Geschwistern sind freiwillig.

b Schreibe die passenden Angaben auf die Schreiblinien hinter den Klammern im Lebenslauf von Lina. Nutze dafür die folgende Tabelle.

Angaben	Inhalt
Persönliche Daten	der Name, die Adresse, die Telefonnummer, die Mailadresse, das Geburtsdatum Angaben zu Eltern und Geschwistern sind freiwillig.
Schulbildung	alle Schulen, die man besucht hat, und die Dauer des Schulbesuchs
Kenntnisse	besonderes Wissen, zum Beispiel Sprachen oder IT-Kenntnisse
Hobbys und Interessen	zum Beispiel Sport, Musik machen oder basteln

6 Erstelle auf einem DIN-A4-Blatt deinen eigenen Lebenslauf. Nimm den Lebenslauf von Lina als Muster.
Schreibe die Angaben in zwei Spalten nebeneinander. Achte auf eine saubere Handschrift.

 a Gliedere den Lebenslauf durch Überschriften.

 b Ergänze unter den Überschriften die erforderlichen Informationen und Stichpunkte über dich selbst.

 c Klebe ein Passfoto auf den Lebenslauf, wenn du möchtest.

 d Schreibe den Ort und das Datum unter den Lebenslauf. Ergänze darunter deine Unterschrift.

 e Hefte deinen Lebenslauf in einem Ordner ab. Du kannst ihn später als Vorlage verwenden und anpassen.

> **Tipp für Aufgabe 6 a**
> Verwende als Überschriften die Angaben, die du neben Linas Lebenslauf geschrieben hast.

Praktikumsberichte schreiben

> In einem **Praktikumsbericht** schreibt man, wie ein Praktikum abgelaufen ist.
> Ein Praktikumsbericht besteht meistens aus
> - einem Deckblatt (Praktikumszeit, Schule, Name, Klasse, betreuende Lehrkraft, Betrieb),
> - einer Einleitung (Genaueres zum Praktikumsbetrieb und Grund für die Wahl des Praktikums),
> - einem Hauptteil (Ziele, Aufgaben, Verlauf und Besonderheiten des Praktikums),
> - einem Schluss (Ergebnisse des Praktikums).

1 Verbinde die Bestandteile von einem Praktikumsbericht mit den passenden Inhalten.

1 das Deckblatt	A Beete umgraben, Rasen mähen, junge Bäume auspflanzen
2 die Einleitung	B Die Arbeit hat mir gefallen, ich kann sie mir als Beruf vorstellen.
3 der Hauptteil	C Gartencenter, Abteilung Bäume, an Pflanzen interessiert
4 der Schluss	D 10. bis 14. März, Kollwitz-Schule, Lena Lang, 8 a, Herr Blei, Gartencenter Grün

2 Anton will ein Deckblatt für seinen Praktikumsbericht erstellen. Ergänze die passenden Angaben aus dem Kasten.

> vom 6. bis 10. Juni / Bäckerei Blume / Anton Schmelzer / Parkschule Jena / 8 b / Frau Pertsch

Mein Betriebspraktikum

Praktikumszeit: _____

Schule: _____

Name: _____ Klasse: _____

betreuende Lehrkraft: _____

Praktikumsbetrieb: _____

Praktikumsberichte schreiben

> In einem Tagesbericht stehen der **Ablauf** und die **Ergebnisse** von einem Arbeitstag. Man berichtet genau und in der richtigen zeitlichen Reihenfolge. Der Tagesbericht kann als **Tabelle** oder als **zusammenhängender Text** gestaltet sein.

3 Aylin macht ein Praktikum in einem Betrieb für Gartengestaltung. Sie hat ihren Bericht als Tabelle geschrieben. Allerdings stimmt die Reihenfolge der Uhrzeiten nicht.

a Bringe den Bericht in die richtige zeitliche Reihenfolge. Schreibe dazu die Nummern 1 bis 11 in die Kästchen.

Tagesbericht vom 10. März (1. Praktikumstag)

	Zeit	Tätigkeit
☐	08:00–08:15	Begrüßung im Praktikumsbetrieb
☐	10:30–10:45	Frühstückspause
☐	12:15–13:00	Mittagspause
☐	08:30–08:40	Werkzeuge aus dem Transporter ausladen
☐	10:45–12:15	Fahrt zum Baumarkt
☐	08:40–10:30	Garten aufräumen
☐	08:15–08:30	Fahrt zum Kunden
☐	15:45–16:00	Rückfahrt in den Praktikumsbetrieb, Feierabend
☐	14:30–15:15	Bäume einpflanzen, düngen, beschriften
☐	13:00–14:30	Umgraben, Bodenauflockerung
☐	15:15–15:45	Blumenzwiebeln pflanzen

b Schreibe den Bericht in der richtigen Reihenfolge auf ein liniertes DIN-A4-Blatt.

c Hefte den Bericht als Muster in deinem Ordner ab.

4 Aylin hat den Tagesbericht auch als zusammenhängenden Text geschrieben. Ergänze passende Adverbien.

Zuerst / Anschließend / Heute / Schließlich / Dann

_____ war mein erster Praktikumstag. _____ fand um 8 Uhr eine Begrüßung statt. _____ sind wir zu einem Kunden gefahren. _____ habe ich geholfen, Werkzeuge auszuladen. _____ sind wir in den Praktikumsbetrieb zurückgefahren.

Epische Texte erschließen und gestalten

Kriminalgeschichten hören und lesen

Die Handlung einer Erzählung erschließen

In **Kriminalgeschichten** wird von Verbrechen und deren Aufklärung erzählt.
Oft steht bis zum Schluss nicht fest, wer schuldig ist, damit man miträtseln kann.
Falsche Zeugenaussagen oder falsche Spuren sorgen für Spannung.
Eine Sonderform der Kriminalliteratur ist die **Detektivgeschichte.** Hier steht vor allem die Aufdeckung durch hartnäckige Ermittler im Mittelpunkt.

 1 Lies die folgende Kriminalgeschichte.

Wolfgang Ecke

Der Bildband

1 In der Bücherei am Kaisereck wurde ein Bildband
2 gestohlen. Die Inhaberin Amanda Knödler rief
3 Herrn Schatz an. Franz Schatz war nicht nur ihr
4 Untermieter, sondern auch Detektiv in einer
5 Versicherung.
6 „Nur immer der Reihe nach, Frau Knödler",
7 beruhigte Herr Schatz die aufgeregte Frau, als er eine
8 halbe Stunde später eintraf. „Also, wie war das?"
9 „Ich hatte den Bildband gerade ausgepackt und
10 dort drüben ins Regal gestellt. Im Laden waren nur
11 zwei Kunden: Frau Stolze und Herr Langbein. Beide
12 leihen seit Jahren aus. Sie sind sozusagen
13 Stammkunden …"
14 Hier unterbrach Herr Schatz: „Haben die beiden auch
15 heute ausgeliehen?"
16 Amanda Knödler nickte. „Ja. Herr Langbein zwei
17 Kriminalromane und Frau Stolze ein Buch über
18 Astrologie. Ich musste es ihr heraussuchen, weil sie
19 ihre Brille vergessen hatte. Sie ist ja so kurzsichtig.
20 […] Gerade als ich ihr das Buch gab, klingelte das Telefon …" […]
21 „Und als die beiden gegangen waren, fehlte der Bildband?" – „So war es!", stimmte
22 Frau Knödler zu. „Und nach ihnen war auch kein Kunde mehr da. Es kann also nur
23 Frau Stolze oder Herr Langbein gewesen sein." […]
24 „Na schön. Dann geben Sie mir mal die Adressen der beiden Stammkunden. Mal
25 sehen, was sie zu sagen haben."
26 Herr Langbein blickte misstrauisch durch den Türschlitz. „Was wollen Sie?" – „Ich
27 würde gern einmal eintreten, Herr Langbein. Frau Knödler von der Bücherei schickt
28 mich."

Die Handlung einer Erzählung erschließen 37

29 Albert Langbein wies auf einen Stuhl. „Bitte, nehmen Sie Platz. Was hat Frau Knödler
30 denn auf dem Herzen?"
31 Schatz setzte sich und steuerte direkt auf sein Ziel los: „Frau Knödler hat heute
32 Nachmittag einen kostbaren Bildband ins Regal gestellt. Der ist verschwunden! […]
33 Ist Ihnen etwas aufgefallen?" Sekundenlang starrte Albert Langbein seinen Besucher
34 an. Dann erwiderte er: „[…] Ich war es selbstverständlich nicht. Aber vielleicht sehen
35 Sie sich einmal die Frau an, die mit mir im Laden war … Und jetzt darf ich Sie bitten
36 zu gehen!" Bestimmt zeigte Herr Langbein zur Tür.
37 Frau Stolze gab sich wesentlich freundlicher. […] Als Schatz zu der entscheidenden
38 Frage kam, zwinkerte sie überrascht. „Ich soll den Bildband mitgenommen haben?
39 Nein, lieber Herr, da irren Sie sich. […] Aber da war noch ein Mann im Laden … ich
40 stand einige Meter weg … und dieser Mann blätterte in einem dicken Buch, wo
41 draufstand ‚Antike Ausgrabungen'."
42 „Hm …", sagte Schatz. „Haben Sie auch gesehen, dass er es eingesteckt hat?" Frau
43 Stolze schüttelte bedauernd den Kopf. […]
44 „Na, das macht nichts. Wir sind den Dingen ganz schön näher gekommen."
45 […] Eine halbe Stunde später stand Herr Schatz wieder Frau Knödler gegenüber. Und
46 die war erfreut, dass der Ausflug ihres Untermieters erfolgreich gewesen war.
47 Aber wer stahl den Bildband nun wirklich?*

 2 Sind die Aussagen zur Kriminalgeschichte **Der Bildband** richtig oder falsch? Kreuze an.

	richtig	falsch
In der Kriminalgeschichte **Der Bildband** geht es um eine Liebesbeziehung zwischen Amanda Knödler und Franz Schatz.		
Der Bildband ist eine Detektivgeschichte über ein gestohlenes Buch.		
Die Kriminalgeschichte **Der Bildband** erzählt von der Aufklärung eines Diebstahls.		
In **Der Bildband** findet jemand ein kostbares Buch und bekommt einen Finderlohn.		
In der Kriminalgeschichte **Der Bildband** ermittelt der Detektiv Franz Schatz im Auftrag von Amanda Knödler.		
In der Kriminalgeschichte **Der Bildband** sind Herr Langbein und Frau Stolze die Verdächtigen.		

Kriminalgeschichten hören und lesen

> Die **äußere Handlung** ist das, was in einem erzählenden Text passiert und was die Figuren tun. Um einen erzählenden Text zu erschließen, kannst du folgende Fragen zur Handlung stellen:
> - **Wann** und **wo** spielt die Handlung?
> - **Wer** sind die handelnden Figuren?
> - **Welches Problem** müssen sie lösen?
> - **Wie** lösen sie das Problem?

3 Untersuche die Kriminalgeschichte **Der Bildband** mit den folgenden Fragen.

a **Wer** sind die handelnden Figuren? Schreibe die Namen auf.

b **Wo** spielen Anfang und Ende der Handlung?

c **Welches Problem** muss gelöst werden? Kreuze an.

Der Detektiv muss herausfinden,

☐ wer ein Buch gestohlen hat. ☐ wer die Ladenkasse ausgeraubt hat.

d **Wie** löst der Detektiv das Problem? Kreuze an.

☐ Er überführt den Täter auf frischer Tat. ☐ Er befragt die möglichen Täter.

4 Wie verläuft die äußere Handlung der Kriminalgeschichte? Nummeriere in der richtigen Reihenfolge von 1 bis 5.

☐ Der Detektiv befragt Herrn Langbein
☐ Frau Knödler berichtet
☐ Frau Knödler beauftragt einen Detektiv
☐ Frau Knödler kann sich freuen
☐ Frau Stolze macht eine Aussage

5 Wer hat den Bildband gestohlen? Schreibe deine Vermutung auf und begründe sie.

Figuren charakterisieren

> **Literarische Figuren** werden beschrieben, damit andere sich eine Vorstellung von ihnen machen können. Um das Aussehen einer Figur zu beschreiben, benennt man ihre **äußeren Merkmale** (Gesamterscheinung, Einzelheiten, Besonderheiten) möglichst genau.
> Um eine Figur zu **charakterisieren,** stellt man auch die Gedanken, Gefühle und Verhaltensweisen der Figur dar. Diese **inneren Merkmale** machen den Charakter der Figur deutlich.

1 Ordne den Figuren der Kriminalgeschichte von Seite 36/37 passende Adjektive aus dem Wortkasten zu.

Tipp
Die farbigen Markierungen im Text helfen dir.

misstrauisch / bestimmt / überrascht / ~~aufgeregt~~ / erfreut / bedauernd / freundlich / kurzsichtig

Frau Knödler	Herr Langbein	Frau Stolze
aufgeregt		

2 Ergänze die Charakterisierung von Frau Stolze. Setze die Wörter aus dem Wortkasten passend ein.

Stammkundin / Verdächtige / kurzsichtig / freundlich / überrascht

Frau Stolze ist _____ in der Bücherei am Kaisereck. Sie ist eine

_____ im Fall des gestohlenen Bildbandes. Frau Stolze ist stark

_____ und trägt eine Brille. Bei der Befragung durch Herrn Schatz

bleibt sie _____. Frau Stolze ist _____, dass

man sie für die Täterin hält.

Kurzgeschichten hören und lesen

Über Kurzgeschichten sprechen – Kurzgeschichten erschließen

 1 Lies die folgende Kurzgeschichte.

Irmela Brender

Eine

1 Eine drehte sich um nach ihm, als alle
2 anderen die Köpfe schon wieder über die
3 Bücher beugten. Er nahm das den anderen
4 nicht übel. Er wusste, ein Neuer in der
5 Klasse ist nicht so interessant, dass man
6 ihn die ganze Stunde anstarren könnte.
7 Schließlich ging der Unterricht weiter und
8 er musste eben da sitzen und sich
9 eingewöhnen.
10 Aber die eine im blauen Kleid sah immer
11 wieder hin zu ihm, nicht neugierig, noch
12 nicht einmal lächelnd. Sie wirkte ernst
13 und aufmerksam, als habe sie über ihn
14 nachzudenken. Das halbe Klassenzimmer
15 lag zwischen ihnen und er konnte ihre
16 Augenfarbe nicht erkennen. Braun vielleicht
17 und ein paar Sommersprossen auf der Nase
18 und das ganze Gesicht ein bisschen zu mager.
19 Die gehört nicht zu den Niedlichen, dachte er.
20 Die kümmert sich nicht um einen Neuen, weil
21 das so gut passt zu ihrer Niedlichkeit und weil
22 sie dann noch einen haben, der sie nett findet.
23 Die gehört vielleicht noch nicht mal zu den Netten.
24 Eine Struppige[1] ist das, überlegte er. Eine, die kicken kann, fast wie ein Junge, und
25 plötzlich wegläuft, wenn man glaubt, sie sei ein Kumpel. Eine, die nicht mit
26 Freundinnen kichert und tuschelt, sondern viel allein herumläuft, und die allerhand
27 kennt in der Stadt. Eine, von der man so manches erfahren kann. Aber nicht
28 unbedingt das, was zählt.
29 Es fiel ihm ein, dass er sich irren könnte, aber er glaubte es nicht. Ich werde ihr ein
30 Zeichen geben, sagte er sich. Wenn sie reagiert, dann habe ich mich nicht geirrt.
31 Dann ist sie eine, die ich mögen könnte, zumindest mögen.
32 Als sie sich wieder umsah, lächelte er. Da stand sie auf und brachte ihm ihr Buch. Fast
33 unfreundlich legte sie es vor ihn auf den Tisch. Er sah dabei, dass sie magere Finger
34 hatte mit ganz kurzen Nägeln. Das passte auch.

[1] **struppig:** zerzaust, auch: borstig

Über Kurzgeschichten sprechen – Kurzgeschichten erschließen 41

35 „Danke, ich geb's dir nachher wieder", sagte er schnell, bevor sie etwas sagen konnte.
36 Sie nickte und ging zurück an ihren Platz. Alle beugten die Köpfe über die Bücher, er
37 auch. Aber er gab acht, dass er den Augenblick nicht verpasste, in dem sie sich noch
38 einmal nach ihm umschaute und beinahe lächelte.*

2 Erschließe die Handlung der Kurzgeschichte. Kreuze die zwei richtigen Aussagen an.

Der Text erzählt ...

☐ von einem Mädchen, das neu in eine Klasse kommt.

☐ von den Gedanken eines Jungen über eine Mitschülerin.

☐ von einer Freundschaft zwischen drei Klassenkameraden.

☐ von einem Jungen, der neu ist in einer Klasse.

☐ von einem Jungen, der sich im Unterricht langweilt.

3 Untersuche die Erzählperspektive: Aus wessen Sicht wird erzählt? Kreuze an.

☐ Ich-Erzähler

☐ Sie-Erzählerin

☐ Er-Erzähler

4 Untersuche die handelnden Figuren genauer.

a Sind die Aussagen richtig oder falsch? Kreuze an.

	richtig	falsch
Ein Mädchen in einem roten Kleid ist besonders freundlich zu dem Jungen.		
Ein Mädchen in einem blauen Kleid wirkt auf den Jungen ernst und aufmerksam.		
Der Junge beschreibt seine Mitschülerin als struppig.		
Der Junge kann sich vorstellen, das Mädchen im blauen Kleid zu mögen.		
Der Junge lächelt seine Mitschülerin an.		
Das Mädchen gibt dem Jungen eine Zeitschrift.		

b Markiere im Text alle Stellen farbig, die das Aussehen des Mädchens beschreiben.

Kurzgeschichten hören und lesen

c Beschreibe, wie das Mädchen aussieht. Schreibe in Stichpunkten.

d Wie fühlen sich die Figuren in der Kurzgeschichte? Markiere im Kasten.

> unsicher / aufgeregt / gelangweilt / interessiert / aufmerksam / geliebt / neugierig / wütend / ängstlich / gemein / verlegen / hasserfüllt / rücksichtslos / erstaunt / missachtet / ungeliebt / belustigt

e Die grauen Textstellen verraten etwas über den Charakter des Mädchens. Schreibe Adjektive auf, die den Charakter des Mädchens beschreiben.

Das Mädchen ist

5 Wie könnte die Geschichte weitergehen? Schreibe auf. Du kannst die Ideen aus dem Wortkasten nutzen.

> Nach der Stunde gab er ihr das Buch zurück. / „Wollen wir uns heute nach der Schule treffen?", fragte er. / „Wir können im Park kicken", antwortete sie.

Kurzgeschichten sind kurze Erzählungen mit folgenden **Merkmalen:**
- Es geht um alltägliche Ereignisse oder Erlebnisse.
- Es treten wenige Figuren auf.
- Die Geschichte beginnt oft plötzlich.
- Das Ende bleibt meistens offen.
- Die Handlung dauert nur wenige Stunden oder Tage.
- Die Handlung spielt oft nur an einem Ort.
- Die Geschichten sind in Alltagssprache mit kurzen Sätzen geschrieben.

 6 Die im Merkkasten oben genannten Merkmale einer Kurzgeschichte finden sich auch in der Kurzgeschichte **Eine** von Irmela Brender. Ordne passend zu.

1 Es geht um alltägliche Ereignisse und Erlebnisse.	A Als zentrale Figuren kommen nur ein Junge und ein Mädchen vor.
2 Es treten wenige Figuren auf.	B Die Kurzgeschichte beginnt damit, dass sich ein Mädchen zu einem Jungen umdreht.
3 Die Geschichte beginnt plötzlich.	C Die Sprache ist alltäglich. Man kann sich vorstellen, dass der Junge so denkt und spricht.
4 Das Ende bleibt offen.	D Die Handlung dauert nur eine kurze Zeit während einer Schulstunde.
5 Die Handlung dauert nur wenige Stunden oder Tage.	E Ort der Handlung ist das Klassenzimmer.
6 Die Handlung spielt nur an einem Ort.	F Ob die beiden Freundschaft schließen, ist unklar. Die Leserinnen und Leser erfahren nicht, wie es weitergeht.
7 Die Geschichte ist in Alltagssprache mit kurzen Sätzen geschrieben.	G Ein Junge kommt neu in eine Klasse. Das kann immer und überall passieren.

Lyrische Texte erschließen und gestalten

Literarische Epochen kennen lernen

Die Epoche des Expressionismus

1 Lerne die Epoche des Expressionismus kennen.

a Betrachte die folgenden Abbildungen.

1

2

3

b Ordne die folgenden Bildunterschriften den Bildern zu. Schreibe die Bildnummer in das Kästchen.

☐ Angst vor dem Weltuntergang im Jahr 1910

☐ Deutsche Soldaten bei Kriegsausbruch im August 1914

☐ Der Potsdamer Platz in Berlin im Jahr 1920

c Lies den folgenden Text über den Expressionismus.

1 Der Name Expressionismus kommt vom lateinischen Wort expressio, das bedeutet
2 Ausdruck. Mit ihrer Kunst wollten die Künstler und Künstlerinnen ihre Gefühle
3 ausdrücken. Die Themen der Gedichte und Bilder waren Arbeit, Großstadt, Krieg und
4 Krise.

Die Epoche des Expressionismus 45

2 Im Jahre 1911 erschien eines der berühmtesten Gedichte des Expressionismus.

a Lies das Gedicht.

Jakob van Hoddis (1887–1942)

Weltende
1 Dem Bürger fliegt vom spitzen Kopf der Hut,
2 In allen Lüften hallt es wie Geschrei.
3 Dachdecker stürzen ab und gehn entzwei
4 Und an den Küsten – liest man – steigt die Flut.

5 Der Sturm ist da, die wilden Meere hupfen
6 An Land, um dicke Dämme zu zerdrücken.
7 Die meisten Menschen haben einen Schnupfen.
8 Die Eisenbahnen fallen von den Brücken.

b Die folgenden Schlagwörter passen zu Versen des Gedichts. Ordne passend zu. Schreibe die Versnummern in die Kästchen.

Verzweiflung ☐ 2

Arbeitsunfall ☐

Krankheit ☐

Zugunglück ☐

Naturkatastrophe ☐

3 Untersuche den **Aufbau** des Gedichts.

a Ergänze die Sätze.

1 Das Gedicht hat _____ Strophen.

2 Es besteht aus _____ Versen.

b Sind die folgenden Aussagen zum **Reimschema** richtig oder falsch? Kreuze an.

	richtig	falsch
Das Reimschema der ersten Strophe ist ein Paarreim (a a b b).		
Das Reimschema der ersten Strophe ist ein umarmender Reim (a b b a).		
Das Reimschema der zweiten Strophe ist ein Paarreim (a a b b).		
Das Reimschema der zweiten Strophe ist ein Kreuzreim (a b a b).		

Die Epoche des Barock

1 Informiere dich über die Epoche des Barock.

 a Lies den folgenden Text.

1 Der Dreißigjährige Krieg war ein schrecklicher Krieg im 17. Jahrhundert, in dem viele
2 Menschen starben. Damals brach auch die Krankheit Pest aus. An dieser Krankheit
3 starben noch mehr Menschen.
4 Barock nennt man den Stil der Kunst und Literatur aus dieser Zeit (1600–1720).
5 Wichtige Autoren waren Andreas Gryphius und Martin Opitz. Sie schrieben vor allem
6 Gedichte und Dramen.

b Was gehört wozu? Verbinde mithilfe des Textes.

1 Zeitraum	A Dreißigjähriger Krieg, Pest
2 wichtige Autoren	B 1600–1720
3 wichtige historische Ereignisse	C Gedichte und Dramen
4 wichtige literarische Gattungen	D Andreas Gryphius, Martin Opitz

 2 Lies das folgende Gedicht aus dem Jahr 1654.

Friedrich von Logau (1605–1655)

Des Krieges Buchstaben

1 **K**ummer, der das Mark¹ verzehret,
2 **R**aub, der Hab und Gut verheeret,
3 **J**ammer, der den Sinn verkehret,
4 **E**lend, das den Leib beschweret,
5 **G**rausamkeit, die Unrecht fähret²,
6 **S**ind die Frucht, die Krieg gewähret.

¹ **das Mark:** das Knochenmark

² **fähret:** herbeiführt

a Die farbigen Buchstaben am Zeilenbeginn ergeben ein Wort. Welches? Schreibe es auf.

> **Tipp**
> J wird hier wie I ausgesprochen.

b Markiere im Gedicht, welche Folgen des Kriegs beschrieben werden.

c Erkläre den Titel **Des Krieges Buchstaben.** Ergänze die Sätze.

Friedrich von Logau zählt in seinem Gedicht die _____ des

Krieges auf. Die ersten _____ der Folgen bilden das Wort

KRIEG.

Kreatives Schreiben

1 Lies das folgende Gedicht aus dem Jahr 1929.

Erich Kästner (1899–1974)

Besuch vom Lande

1 Sie stehen verstört am Potsdamer Platz.
2 Und finden Berlin zu laut.
3 Die Nacht glüht auf in Kilowatts.
4 Ein Fräulein sagt heiser: „Komm mit, mein Schatz!"
5 Und zeigt entsetzlich viel Haut.

6 Sie wissen vor Staunen nicht aus und nicht ein.
7 Sie stehen und wundern sich bloß.
8 Die Bahnen rasseln, die Autos schrein.
9 Sie möchten am liebsten zu Hause sein.
10 Und finden Berlin zu groß.

11 Es klingt, als ob die Großstadt stöhnt,
12 weil irgendwer sie schilt[1].
13 Die Häuser funkeln. Die U-Bahn dröhnt.
14 Sie sind alles so gar nicht gewöhnt.
15 Und finden Berlin zu wild.

16 Sie machen vor Angst die Beine krumm.
17 Und machen alles verkehrt.
18 Sie lächeln bestürzt. Und sie warten dumm.
19 Und stehn auf dem Potsdamer Platz herum,
20 bis man sie überfährt.

[1] **schilt:** schimpft, tadelt

2 In einer Großstadt nimmt man viele Dinge gleichzeitig mit seinen Sinnen wahr.

a Markiere im Gedicht, was die Besucher vom Lande hören, sehen oder fühlen.

b Was ist gemeint? Verbinde.

1 Die Nacht glüht auf in Kilowatts.		A quietschende Autoreifen, Verkehrslärm
2 Die Autos schrein.		B elektrische Straßenbeleuchtung bei Nacht
3 Die Häuser funkeln.		C Geräusch der Straßenbahnen
4 Die Bahnen rasseln.		D Licht hinter Fenstern

Kreatives Schreiben

3 Kennst du Berlin oder eine andere Großstadt? Schreibe in zwei Sätzen, was dir an der Stadt gefällt oder nicht gefällt.

4 Ein **Akrostichon** ist ein Gedicht, in dem die Anfangsbuchstaben der Verse ein Wort ergeben.

a Lies das Gedicht.

1 **N**ächte am See,
2 **A**llein oder mit dir
3 **T**anze ich am
4 **U**fer entlang –
5 **R**eine Freude.

b Schreibe das Wort auf, das sich aus den Anfangsbuchstaben der Zeilen ergibt.

5 Schreibe selbst ein Akrostichon.

a Ordne die Wörter und Wortgruppen aus dem Wortkasten den Buchstaben zu. Du kannst auch eigene schreiben.

> Anmutig und leicht / Tanz in der Nacht / Rasend schnell / Unbeschwert und ausgelassen / Mit allen Sinnen, bis der Wecker klingelt

T
R
A
U
M

b Übertrage dein Akrostichon auf ein DIN-A4-Blatt. Male dazu.

Dramatische Texte erschließen und gestalten

Dramenszenen hören und lesen

Die Handlung einer Dramenszene erschließen

1 **Wilhelm Tell** ist ein Drama von Friedrich Schiller.

a Sieh dir die drei Cover zum Drama **Wilhelm Tell** an.

 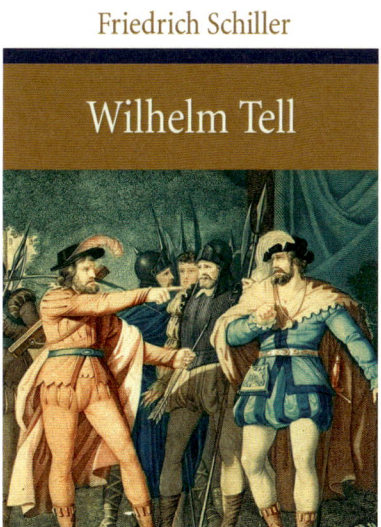 

b Wovon könnte das Drama **Wilhelm Tell** handeln? Kreuze an.

☐ vom Bergsteigen

☐ von einem Streit zwischen zwei Männern

☐ vom Verhältnis zwischen einem Vater und seinem Sohn

☐ von einem Pfeilschuss durch einen Apfel

☐ von einem mutigen Jungen

☐ von der Schönheit der Schweiz

☐ von einem bewaffneten Kampf

☐ von Fürsten und Untertanen

2 Lies die folgende Zusammenfassung.
Darin erfährst du, was in der ersten Szene des Dramas **Wilhelm Tell** passiert.

1 In Altorf werden die Schwyzer gezwungen, eine Burg für Hermann Geßler zu bauen.
2 Geßler ist der Reichsvogt, ein vom König eingesetzter Verwalter. Im Ort wird der Hut
3 Geßlers auf eine Stange gesteckt. Die Schwyzer sollen sich vor dem Hut verbeugen.

3 Lies den folgenden Auszug aus dem dritten Akt (Aufzug).

Dritter Aufzug, dritte Szene

1 Auf einer Wiese bei Altorf, im Vordergrund stehen
2 Bäume, weiter hinten hängt ein Hut auf einer Stange.
3 (Die Soldaten Frießhardt und Leuthold halten Wache.)
4 **Frießhardt:** Wir passen umsonst auf. Niemand will sich
5 vor dem Hut verbeugen. Seit der Hut auf
6 der Stange hängt, ist der Dorfplatz leer.
7 **Leuthold:** Es kommen nur schlechte Leute […]. Die
8 ehrlichen Leute wollen sich nicht vor dem
9 Hut verbeugen. Sie machen lieber einen
10 großen Umweg.
11 **Frießhardt:** Sie müssen über diesen Platz, wenn sie
12 mittags vom Rathaus kommen. […]
13 **Leuthold:** […] Es ist doch eine Schande, dass wir vor einem leeren Hut Wache
14 halten müssen. Jeder ehrliche Kerl muss uns verachten. […] Es ist doch
15 ein verrückter Befehl! […]
16 (Die Bäuerinnen Hildegard, Mechthild und Elsbet mit ihren Kindern treten auf. Sie
17 stellen sich um die Stange.)
18 **Leuthold:** […] Ich drücke die Augen zu und seh nicht hin. […]*

> **Regie-Anweisungen:**
> Theaterstücke enthalten außer Dialogen und Monologen auch Regie-Anweisungen.
> Oft stehen sie in Klammern oder in einer anderen Schrift. Die Regie-Anweisungen
> • geben Hinweise auf **Ort und Zeit** des Geschehens,
> • legen fest, wie die **Bühne gestaltet** werden soll,
> • bestimmen, welches **Zubehör** verwendet werden soll,
> • geben Anweisungen für die **Handlungen und Sprechweise** der Figuren.

4 Markiere alle Regie-Anweisungen im Text.

5 Beantworte die Fragen zum Text.

a Wo spielt die Handlung?

b Wie heißen die beiden zentralen handelnden Figuren in dieser Szene?

Die Handlung einer Dramenszene erschließen 51

c Welche Aufgabe haben die beiden Figuren? Kreuze an.

☐ eine Burg bauen

☐ den Dorfplatz bewachen

☐ aufpassen, dass sich die Leute vor einem Hut verbeugen

6 Beschreibe das Problem der beiden handelnden Figuren in ganzen Sätzen.

Wache halten vor dem Hut auf der Stange / keiner kommt / verrückter Befehl

7 Wie löst Leuthold das Problem? Kreuze an.

☐ Er geht nach Hause.

☐ Er beschließt, wegzuschauen.

☐ Er erfüllt seine Aufgabe.

☐ Er beschließt, sich keine Gedanken mehr zu machen.

8 Ergänze den Lückentext zum Drama mithilfe des Wortkastens.

Akte / Bühnenstück / Dialogen / Szenen / Monologen / Konflikte / Regie-Anweisungen

Ein Drama ist ein _____.

Der dramatische Text ist in _____ unterteilt.

Die Akte bestehen aus _____.

Im Haupttext besteht ein Drama aus wörtlicher Rede, das heißt aus

_____ (Selbstgesprächen) und

_____ (Zwiegesprächen).

Oft gibt es _____ als Nebentext.

Häufig werden im Drama _____ und ihre Lösung behandelt.

Sprache gebrauchen – Sprache untersuchen

Wortarten und Wortformen

Die Wortarten im Überblick

1 Wiederhole die Wortarten.

 a Lies den Text.

1 Die jungen Konditorinnen und Konditoren freuen sich
2 auf die Weltmeisterschaft der Kuchen und Torten.
3 Eine Jury entscheidet, wer die besten Torten oder
4 Figuren herstellt.

 b Bestimme die Wortarten in den beiden Sätzen.
Schreibe sie in dein Heft.
die: Artikel, ...

Tipp
Nutze die Übersicht auf der letzten Seite.

> Jedes Wort lässt sich einer **Wortart** zuordnen.
> Wortarten können veränderbar oder unveränderbar sein.
> **Veränderbare Wortarten** kann man:
> – **deklinieren/beugen** (Nomen/Substantive, Pronomen, Artikel, Adjektive),
>   Beispiele: dem Mehl, auf dem Kuchen, die Glasur der Kuchen,
> – **konjugieren/beugen** (Verben), Beispiele: er bäckt, sie repariert,
> – **komparieren/steigern** (Adjektive), Beispiele: gut – besser – am besten.
> Zu den **unveränderbaren Wortarten** gehören Adverb, Präposition, Konjunktion und Interjektion,
> Beispiele: Aha! (Interjektion); er isst immer (Adverb) Kuchen und gern (Adverb)
> Torten mit (Präposition) Obst, aber (Konjunktion) ohne Sahne.

2 Veränderbar oder unveränderbar?

a Markiere im Text der Aufgabe 1 a veränderbare und unveränderbare Wörter.

b Trage sie passend in die Tabelle ein.

veränderbare Wörter	unveränderbare Wörter
die, jungen,	*und,*

Nomen/Substantive und Nominalisierungen

> **Nomen/Substantive** schreibt man mit **großem Anfangsbuchstaben.**
> Sie haben ein grammatisches **Geschlecht** (Genus: männlich, weiblich, sächlich) und eine **Zahl** (Numerus: Singular/Plural). Sie treten oft mit **Begleitwörtern** (Artikel, Pronomen, Präposition, Zahlwort, Adjektiv) auf.

1 Nomen/Substantive haben eine Zahl. Sie können im Singular oder im Plural stehen.

a Lies den Text.

1 Miriam M. stellt aus <u>Kuchenteig</u> besondere <u>Produkte</u> her.
2 Ihre <u>Schuhe</u>, <u>Hüte</u> und <u>Handtaschen</u> kann man essen.
3 Die junge <u>Deutsche</u> lebt in New York. Ihr <u>Hobby</u> hat sie
4 zum <u>Beruf</u> gemacht.

b Ordne die unterstrichenen Nomen/Substantive mit dem Begleitwort in die Tabelle ein.

Singular	Plural
aus Kuchenteig	

2 Erkenne die Begleitwörter

a Markiere in den Sätzen die <mark>Begleitwörter</mark> vor den Nomen/Substantiven.

1 Zuerst bäckt <mark>ihr</mark> Team viele Blöcke aus dünnen Teigschichten.

2 Den Kuchenblock bearbeiten die Mitarbeiterinnen danach mit Messern und Sägen.

3 Die Freude über den Erfolg ist dem Team anzusehen.

b Schreibe die Begleitwörter heraus. Ordne sie nach Wortarten.

Artikel: _____

Präposition: _____

Adjektiv: _____

Pronomen: _____

Zahlwort: _____

Wortarten und Wortformen

> Jedes Wort kann im Deutschen **als Nomen/Substantiv gebraucht,** also **nominalisiert/substantiviert** werden.
> Begleitwörter wie Artikel, Pronomen, Präposition, Zahlwort oder Adjektiv erweitern die **Nominalisierung/Substantivierung** zu einer **nominalen Wortgruppe.**
> Beispiele: beim Verzieren, die Süße

3 Untersuche die nominalen Wortgruppen.

a Bilde Nominalisierungen und ergänze die Sätze.

1 Das _____ mit Sägen ist ungewöhnlich. (bearbeiten)

2 Die fantasievollen Torten sind etwas _____. (besonders)

3 Alles _____ hat sich Rafaela selbst beigebracht. (wichtig)

b Markiere die Begleitwörter der Nominalisierungen.

4 Verb oder Nominalisierung?

a Setze die Verben in der Klammer in der richtigen Wortart ein.

b Markiere die Begleitwörter der Nominalisierungen.

1 Mit Zuckermasse kann Marie L. ihre Figuren _____. (modellieren)

2 Zuckermasse nutzt sie zum _____ ihrer Figuren. (modellieren)

3 Die Zutaten für die Figuren muss sie sorgsam _____. (aussuchen)

4 Das _____ der Zutaten erfolgt sehr gewissenhaft. (aussuchen)

5 Für das _____ der Torten nimmt sie Lebensmittelfarbe. (lackieren)

6 Mit Lebensmittelfarbe kann sie die Torten _____. (lackieren)

5 Trage das **Adjektiv** in der Klammer oder die **Nominalisierung** richtig ein.

Die Figuren auf den Torten sehen _____ aus. (frech)

Das _____ macht sie interessant. (frech)

Die Kuchen und Torten sind _____. (einmalig)

Das _____ hat seinen Preis. (einmalig)

Verben

Zeitformen (Tempusformen)

> **Verben** bilden mithilfe **finiter (gebeugter)** und **infiniter (ungebeugter)** Verbformen **Zeitformen.** Die wichtigsten **Zeitformen** sind:
>
> **einfache Zeitformen** (finite Verbform)
>
> | | | |
> |---|---|---|
> | **Präsens** | Er kocht Tee. | Gegenwart |
> | | Ich fahre gern Rad. | (immer gültig) |
> | | Ich fahre morgen später. | Zukunft |
> | **Präteritum** | Er kochte Tee. | Vergangenheit |
>
> **zusammengesetzte Zeitformen** (mindestens zwei Verbformen: finite + infinite Verbform)
>
> | | | |
> |---|---|---|
> | **Perfekt** | Er hat Tee gekocht. | Vergangenheit |
> | | Ich bin Rad gefahren. | |
> | **Futur I** | Er wird Tee kochen. | Zukunft |

1 Erkenne die Zeitformen.

a Lies den Text.

1. Jan geht mit seinen Freunden ins Kino.
2. Diese Idee hatten sie schon letzte Woche.
3. Die Jungen haben im Internet gelesen, dass der tolle
4. Actionfilm nun endlich läuft. Sie sind gespannt auf die Story.
5. Die Helden werden bestimmt die ganze Welt retten.
6. Vor Beginn des Films wird Jan sich Popcorn holen.
7. Gleich geht es los!

b Markiere im Text die Verben mit unterschiedlichen Farben:

1 Farbe: Verben im Präsens

2 Farbe: Verben im Präteritum

3 Farbe: Verben im Perfekt

4 Farbe: Verben im Futur I

2 Setze die Verben in Klammern in der vorgegebenen Zeitform ein.

1 Salem _____ ungeduldig auf den Start. (warten, Präsens)

2 Kevin _____ den Platz nicht _____. (finden, Perfekt)

3 Jonn _____ seinem Bruder alles genau _____.

(berichten, Futur I)

Wortarten und Wortformen

> Die **Zeitformen** können auch signalisieren, ob zwei Handlungen oder Vorgänge zur gleichen Zeit **(Gleichzeitigkeit)** oder nacheinander **(Nachzeitigkeit)** stattfinden. In diesen Fällen wird **dieselbe** Zeitform verwendet.
> **Konjunktionen,** die **Gleichzeitigkeit** betonen: während, wenn, als
> **Konjunktionen,** die **Nachzeitigkeit** betonen: bevor, ehe
> Beispiele:
> Ich höre Musik, während ich frühstücke.   (Präsens)
> Als ich frühstückte, klingelte es.   (Präteritum)
> Bevor ich mein Rad hole, frühstücke ich.   (Präsens)

3 Erkenne, ob die Handlungen gleichzeitig oder nacheinander stattfinden.

a Lies die Sätze.

  1 Während ich einen Brief schreibe, höre ich Musik.

  2 Als ich meine Mails checkte, entdeckte ich die Nachricht.

  3 Bevor ich gehe, kontrolliere ich meine Tasche.

  4 Als das Telefon klingelte, stand ich schon auf der Treppe.

b Rahme die Verben ein.

c Unterstreiche die Konjunktionen.

d Markiere die Sätze, die Gleichzeitigkeit ausdrücken, mit einer Farbe.
Markiere die Sätze, die Nachzeitigkeit ausdrücken, mit einer anderen Farbe.

4 Überlege, welche Zeitformen gebraucht werden.

a Lies die Sätze.

  1 Seit Jan täglich übt, _____ er fehlerfrei. (schreiben)

  2 Als Jan die Sporttasche kaufte, _____ er täglich trainieren. (wollen)

  3 Wenn es zur Stunde _____, steckt sie ihr Handy weg. (klingeln)

b Markiere die Konjunktionen.

c Setze die Verben in Klammern in der passenden Zeitform ein.

d In welcher Zeitform stehen die Sätze? Schreibe auf.

Satz 1: _____

Satz 2: _____

Satz 3: _____

Verben   57

Modusformen

> Mit dem **Imperativ** (Befehlsform) gibt man **Aufforderungen, Befehle, Bitten** oder **Warnungen** wieder.
> Beispiele: Stelle den Herd aus! Passen Sie bitte auf! Sei vorsichtig! Seid leise!
> Den Imperativ bildet man von den Indikativformen:
> 2. Person Singular (Einzahl):   du wartest   Warte!
> 2. Person Plural (Mehrzahl):   ihr schreibt   Schreibt!

1 Erkenne die Imperativformen.

a Lies die Sätze.

1 Komm zu mir! _Singular (Einzahl)_

2 Sprecht leiser! _____

3 Warte auf mich! _____

4 Vertraue mir! _____

5 Bleibt hier! _____

b Markiere die Verben in den Sätzen.

c Singular (Einzahl) oder Plural (Mehrzahl)? Schreibe die Imperativform hinter die Sätze.

2 Ergänze die Imperativformen in der Tabelle.

Infinitiv	2. Pers. Sing.	2. Pers. Pl.	Imperativ Singular	Imperativ Plural
nennen	du nennst	ihr nennt	_Nenne!_	_Nennt!_
suchen	du suchst	ihr sucht		
kaufen	du kaufst	ihr kauft		
träumen	du träumst	ihr träumt		
erzählen	du erzählst	ihr erzählt		
schauen	du schaust	ihr schaut		
gehen	du gehst	ihr geht		

3 Bilde Imperativformen.

a Die angesprochene Person ist in deinem Alter.
Bilde von den Verben in Klammern den Imperativ Singular (Einzahl) und setze ihn ein.

_____ bitte diesen Artikel! (lesen)

_____ den Ball in den Korb! (werfen)

_____ mir das Buch! (geben)

_____ ein Stück näher! (treten)

b Sprich mehrere Personen in deinem Alter an.
Bilde von den Verben in Klammern den Imperativ Plural (Mehrzahl) und setze ihn ein.

_____ bitte diesen Artikel! (lesen)

_____ den Ball in den Korb! (werfen)

_____ mir das Buch! (geben)

_____ ein Stück näher! (treten)

4 Formuliere Aufforderungen im Imperativ.

a Lies die Wortgruppen und markiere die Verben.

1 die erste Stunde nicht versäumen

Versäume_____!

2 nicht so laut schreien

3 die Blumen gießen

4 auf den Bus warten

b Bilde Sätze im Imperativ Singular (Einzahl). Setze ein Ausrufezeichen am Satzende.

Aktiv- und Passivformen

> Von den meisten Verben kann man eine **Aktivform** und eine **Passivform** bilden.
> Die **Aktivform** verwendet man, wenn ausdrücklich betont werden soll, wer handelt.
> Beispiele: Vera kocht Kakao. Sie hat Kakao gekocht.
> Die **Passivform** wird verwendet, wenn es unwichtig oder unbekannt ist, wer handelt.
> Man bildet das Passiv mit **wird** oder **werden** und dem **Partizip II** eines anderen Verbs.
> Präsens: Kakao wird gern getrunken.

1 Erkenne die **Aktivformen** und **Passivformen.**

 a Lies die Sätze.

   1 Die Kakaobohnen werden zweimal im Jahr geerntet.

   2 Zwischenhändler kaufen die Säcke mit den Kakaobohnen auf.

   3 Danach verkaufen sie die Bohnen an andere Unternehmen.

   4 Dort werden die Bohnen gemahlen und geröstet.

   5 Beim Mahlen wird die Kakaobutter freigesetzt.

   6 Kakaobutter ist das Ausgangsmaterial für Schokolade.

   7 Welche Schokolade isst du am liebsten?

b Markiere die Aktivformen der Verben in einer Farbe.

c Markiere die Passivformen der Verben in einer anderen Farbe.

2 Setze die passenden Passivformen ein.

> werden getrocknet / wird gekratzt / werden gepflückt / wird aufgeschnitten / werden aussortiert

Die reifen Kakaofrüchte _____ mit Messern _____.

Jede Kakaofrucht _____ _____.

Das Fruchtfleisch _____ aus der Schale _____.

Die Bohnen _____ in der Sonne _____.

Schlechte Bohnen _____ _____.

Wortarten und Wortformen

3 Wie entsteht Schokoladeneis? Beschreibe den Ablauf mithilfe des Passivs.

1 die Schokolade in warmer Milch schmelzen

Die Schokolade wird in warmer Milch geschmolzen.

2 die Sahne mit Zucker steif schlagen

Die Sahne _____

_____

3 die Schokomasse unter die Sahne rühren

Die Schokomasse _____

4 die Mischung in die Eismaschine füllen

Die Mischung _____

Tipp
Für das Passiv brauchst du das Partizip II.
Das **Partizip II** bildest du häufig mit **ge** + Wortstamm + **en** oder **t.**

4 Beschreibe, wie Schokolade in Speisen verarbeitet wird.

a Lies die Sätze im Aktiv.

1 Schokolade verarbeitet man in vielen Speisen.

Schokolade wird _____

2 Man verwendet Schokolade für Kuchen.

_____

3 Für Schokoladensoße erhitzt man Schokolade.

_____

_____

4 Auch Bratensoßen verfeinert man mit Schokolade.

_____

_____

Tipp
Bei Verben mit Vorsilben bildest du das Partizip II ohne **ge.**

b Formuliere die Sätze ins Passiv um. Schreibe die Passivsätze unter die Aktivsätze.

Adverbien

> **Adverbien** geben an, wann, wo, wie und warum etwas geschieht.
> Beispiele: heute, oft, besonders, deshalb

1 Erkenne die Adverbien.

 a Lies den Text.

1 Ich esse gern Lakritze.
2 Neulich las ich einen Artikel darüber.
3 Dort stand, dass Lakritze aus der Süßholzwurzel
4 hergestellt wird. Viele Leute glauben, dass sie aus
5 Pferdeblut besteht. Deswegen wird Lakritze von
6 vielen Menschen abgelehnt.

b Unterstreiche die Adverbien.

Tipp
Sieh im Wortkasten von Aufgabe 2 nach.

2 Ordne die folgenden Adverbien den Fragewörtern zu. Schreibe sie jeweils dahinter.

gern / neulich / dort / deswegen

Wann? (die Zeit): _____

Wo? (der Ort): _____

Wie? (die Art und Weise): _____

Warum? (der Grund): _____

3 Was bestimmen die **fett gedruckten** Adverbien näher?
Frage danach.
Schreibe auf die Zeilen (Zeit, Ort, Art und Weise oder Grund).

1 **Nachmittags** meldet sich mein Freund. _____

2 Das Konzert wurde **leider** abgesagt. _____

3 **Deshalb** bleibe ich heute zu Hause. _____

4 **Hier** wird mir niemals langweilig. _____

5 **Zurzeit** lese ich einen spannenden Krimi. _____

6 **Vielleicht** wird das Konzert nachgeholt. _____

Wortarten und Wortformen

4 Ergänze Adverbien, die das Gegenteil ausdrücken. Schreibe sie dahinter.

abwärts / dahinter / vormittags / hinaus / unten / vorn

nachmittags _____   hinein _____

aufwärts _____   davor _____

oben _____   hinten _____

> Einige Adverbien **ersetzen** ganze **Wortgruppen** oder **Teilsätze.**
> Beispiele: Weil er krank ist, bleibt er zu Hause. Krankheitshalber bleibt er zu Hause.

5 Adverbien ersetzen Teilsätze.

a Lies die Sätze.

möglicherweise / erstaunlicherweise / bekanntlich / erwiesenermaßen

1 Es ist erwiesen, dass der Saft der Süßholzwurzel gegen Entzündungen hilft.

2 Es ist erstaunlich, dass man die Süßholzwurzel mit der Hand erntet.

3 Es ist bekannt, dass Lakritze als Medizin eingesetzt wurde.

4 Es ist möglich, dass Lakritze die Abwehrkräfte stärkt.

b Ersetze die unterstrichenen Teilsätze durch Adverbien aus dem Wortkasten. Schreibe die Sätze in dein Heft.

6 Adverbien können andere Wörter verstärken oder abschwächen.

a Auf welches Wort im Satz bezieht sich das fett gedruckte Adverb? Unterstreiche.

1 Sie trägt **sehr** modische Kleidung. ☐

2 Er hat **ziemlich** lange Beine. ☐

3 Sie verkaufen **einigermaßen** frisches Obst. ☐

4 Sie kamen **überaus** pünktlich an. ☐

5 Das war ein **besonders** schönes Konzert. ☐

b Schreibe + in das Kästchen hinter dem Satz, wenn das Adverb das Bezugswort verstärkt. Schreibe – in das Kästchen, wenn das Adverb das Bezugswort abschwächt.

Satzbau und Zeichensetzung

Bau des einfachen Satzes

Satzglieder

> Das **Subjekt** ist das **Satzglied,** über das etwas ausgesagt wird.
> Nach dem Subjekt fragen wir mit: **Wer?** oder **Was?**
> Beispiele: Die Polizei regelt auch den Verkehr. **Wer** regelt den Verkehr?
> Die Ampeln sind ausgefallen. **Was** ist ausgefallen?

1 Erkenne das Subjekt.

a   Schreibe die Frage nach dem Subjekt unter jeden Satz.

b   Markiere das Subjekt in den Sätzen mit einer Farbe.

  1   Die Charité untersucht pro Jahr ungefähr 2000 Todesfälle.

  Frage: Wer _____ ?

  2   Viele Verbrechen bleiben unaufgeklärt.

  Frage: Was _____ ?

> Das Satzglied **Prädikat** sagt etwas über das Subjekt aus.
> Nach dem Prädikat fragen wir mit: **Was wird ausgesagt?**
> Beispiel: Die Polizei regelt auch den Verkehr. **Was wird** über die Polizei **ausgesagt?**

2 Füge aus den Satzbausteinen Sätze zusammen.

a   Schreibe die Sätze in dein Heft.

  1   die Spuren / erfasst / die Kriminalpolizei / am Tatort

  2   verhören / die Polizisten / einen Zeugen / auf der Polizeiwache

b   Markiere in den Sätzen das Prädikat.

3 Einteilig oder mehrteilig? Markiere in den folgenden Sätzen das Prädikat.
Schreibe auf die Linie, ob das Prädikat **einteilig** oder **mehrteilig** ist.

  1   Ein Fußgänger wurde von der Polizei vernommen.   *mehrteilig* _____

  2   Er hatte den Unfall beobachtet.   _____

  3   Die Aussage half der Polizei.   _____

> Das **Objekt** ist ein Satzglied. Es ergänzt das Prädikat.
> Objekte stehen in einem bestimmten Fall.
> Nach dem **Dativobjekt** fragen wir mit: **Wem …?**
> Nach dem **Akkusativobjekt** fragen wir mit: **Wen …?** oder **Was …?**
> Beispiel: Die Polizistin erklärt uns ihren Arbeitsalltag.
> **Wem** erklärt die Polizistin ihren Arbeitsalltag? uns — Dativobjekt
> **Was** erklärt uns die Polizistin? ihren Arbeitsalltag — Akkusativobjekt

4 Dativobjekt oder **Akkusativobjekt**?

Frage mit **Wem …?** oder mit **Wen/Was …?** nach den markierten Wortgruppen.
Schreibe die Lösung hinter die Sätze.

1 Der Rucksack legte den ganzen Verkehr lahm.   *Akkusativobjekt*

2 Er gehörte keiner Person. _____

3 Die Polizei forderte einen Bombenentschärfer an. _____

4 Er konnte den Sprengsatz entschärfen. _____

> Nach der **Adverbialbestimmung des Ortes** fragen wir mit:
> **Wo …? Woher …? Wohin …?**
> Nach der **Adverbialbestimmung der Zeit** fragen wir mit:
> **Wann …? Wie lange …? Seit wann …? Bis wann …? Wie oft …?**
> Beispiel: Wir waren heute auf dem Revier.
> **Wann** waren wir auf dem Revier? heute — Adverbialbestimmung der Zeit
> **Wo** waren wir heute? auf dem Revier — Adverbialbestimmung des Ortes

5 Erkenne die **Adverbialbestimmung des Ortes** und **der Zeit**.

a Lies die Sätze.

b Markiere die **Adverbialbestimmung des Ortes** mit einer Farbe und die **Adverbialbestimmung der Zeit** mit einer anderen Farbe.

1 Gestern wurde im Park ein toter Mann gefunden.

2 Er saß auf einer Bank.

3 Der Mann hatte eine Verletzung am Kopf.

4 Die Polizei wurde sofort informiert.

5 Man brachte den Toten in die Gerichtsmedizin.

6 Im Labor wurde die Todesursache ermittelt.

Nachgestellte Erläuterungen

> Mit **nachgestellten Erläuterungen** werden Bezugswörter, meist Nomen/Substantive, näher erklärt. Nachgestellte Erläuterungen werden durch **Kommas** abgegrenzt.
> Bei einer Datumsangabe kann man nach dem Monat ein Komma setzen, man darf es aber auch weglassen.
> Beispiel: Der Mann wird seit Montag, dem 1. Oktober(,) vermisst.

1 Einen Wochentag kann man durch eine nachgestellte Datumsangabe ergänzen.

   a Lies die Sätze.

   b Markiere den Wochentag (das Bezugswort).

   c Unterstreiche die nachgestellte Erläuterung.

      1 Ab Mittwoch, dem 2. Mai(,) werden Verkehrskontrollen durchgeführt.

      2 Die Kontrollen finden bis zum Freitag, dem 4. Mai(,) statt.

      3 Die Auswertung ist am darauffolgenden Montag, dem 7. Mai.

2 Ergänze farbig die Kommas bei der nachgestellten Datumsangabe. **Achtung, Fehler!**
Ein Komma **musst** du jeweils setzen, ein Komma **kannst** du setzen.

     1 Seit Montag dem 5. Oktober werden die Zeugen befragt.

     2 Der Verdächtige hat für Sonntag den 4. Oktober kein Alibi.

     3 Der erste Verhandlungstag wurde auf Montag den 27. Oktober gelegt.

     4 Für Mittwoch den 5. November ist eine Pressekonferenz angekündigt.

3 Nachgestellte Erläuterungen können durch **besondere Wörter** eingeleitet werden.

   a Vervollständige die nachgestellten Erläuterungen mithilfe des Wortkastens.

> und zwar / das heißt / zum Beispiel

     1 Die DNA, _____ unser genetischer Fingerabdruck, findet sich in jeder Körperzelle.

     2 Am Tatort werden deshalb DNA-Träger, _____ benutzte Gläser, sichergestellt.

     3 Eine Spur am Tatort, _____ ein Haar, überführte den Täter.

   b Markiere die Kommas vor und nach der **nachgestellten Erläuterung**.

Infinitivgruppen

> **Infinitivgruppen** (erweiterte Infinitive mit zu) werden meistens durch **Komma** abgegrenzt.
> Wird ein erweiterter Infinitiv mit zu durch **um, an(statt), außer, ohne, als** eingeleitet, muss ein Komma gesetzt werden.
> Beispiel: Der Zeuge kam, um seine Aussage zu machen.

1 Ein Personenschützer erzählt über seine Arbeit. Untersuche die Sätze.

a Lies die Sätze.

1 Ich sollte die Botschafterin begleiten, um jede Gefahr abzuwehren.

2 Die Botschafterin wollte die Stadt sehen, anstatt ein Konzert zu besuchen.

3 Mir blieb nichts anderes übrig, als mich darauf einzulassen.

4 Letztlich konnte ich den Angreifer ausschalten, ohne verletzt zu werden.

b Markiere den erweiterten Infinitiv mit zu. Unterstreiche das **einleitende Wort**.

c Markiere das Komma.

2 Man setzt ein Komma, wenn ein erweiterter Infinitiv mit zu durch **um, an(statt), außer, ohne, als** eingeleitet wird.

a Erkenne den erweiterten Infinitiv mit zu. Markiere ihn in den Sätzen.

Achtung, Fehler!

b Unterstreiche die einleitenden Wörter.

c Ergänze farbig die Kommas.

1 Bodyguards werden eingesetzt, um Personen zu schützen.

2 Man verpflichtet Bodyguards anstatt Polizisten zu beauftragen.

3 Sie kontrollieren das Gelände ohne Aufsehen zu erregen.

4 Viele finden diesen Beruf interessanter als in einem Büro zu arbeiten.

3 Setze das passende einleitende Wort aus dem Wortkasten in die Lücken ein.

> anstatt / um

1 Ich arbeite als Personenschützer, _____ Entführungen zu verhindern.

2 Heute setzen Politikerinnen auf weibliche Bodyguards, _____ sich von Männern schützen zu lassen.

Bau des zusammengesetzten Satzes

Zweigliedrige Sätze

> **Zweigliedrige Sätze** bestehen aus zwei Teilsätzen.
> Sind beide Teilsätze **Hauptsätze** und damit gleichrangig, bilden sie eine **Satzreihe.**

1 Erkenne die Satzreihe.

a Lies die zweigliedrigen Sätze.

1 Der Mann wog 70 kg(,) und er hatte keinen Bart.

Der Mann wog 70 kg. Er hatte keinen Bart.

2 Er hatte sein Aussehen verändert, denn er trug inzwischen eine Brille.

Er

Er

3 Die Frau erkennt Gesichter gut wieder, deshalb arbeitet sie als Recognizerin.

Die Frau

Sie

b Unterstreiche in den Teilsätzen das Verb.

c Markiere den ersten Teilsatz mit einer Farbe und den zweiten Teilsatz mit einer anderen Farbe.

d Schreibe die Sätze einzeln auf.

2 Bilde aus den zwei Hauptsätzen eine Satzreihe. Nutze das Bindewort **und**.

1 Der Zeuge kommt pünktlich zum Termin. Er macht seine Aussage.

2 Der Polizist schreibt das Protokoll. Der Zeuge unterschreibt es.

Satzbau und Zeichensetzung

> Ein **Satzgefüge** besteht aus mindestens einem **Hauptsatz** (Hs) und einem **Nebensatz** (Ns).
> Sie werden durch ein Komma voneinander getrennt.
> Den Nebensatz erkennt man an folgenden Merkmalen:
> - Am **Anfang** steht meist ein **Einleitewort**.
> - Am **Ende** steht die **finite** (gebeugte) **Verbform**.
>
> Beispiel:
> Sie weiß,   wie der Täter aussah.
> Hauptsatz (Hs),   Nebensatz (Ns)
> Wie der Täter aussah,   weiß sie.
> Nebensatz (Ns),   Hauptsatz (Hs)

3 Erkenne das Satzgefüge.

a Lies die zusammengesetzten Sätze.

1 Im Park waren Schulklassen, die auf dem Rasen Ball spielten.

Hauptsatz   , Nebensatz

2 Eine Schülerin beobachtete einen Dieb, der Geld aus einem der Rucksäcke stahl.

3 Das Mädchen sah, dass der Dieb in Richtung Bahnhof flüchtete.

4 Obwohl alles sehr schnell ging, erinnerte sich das Mädchen gut an den Täter.

5 Weil die Polizei eine gute Täterbeschreibung hatte, wurde der Dieb gefasst.

b Unterstreiche in den Teilsätzen das Verb.

c Rahme die Einleitewörter ein.

d Sind die Teilsätze **Hauptsätze** oder **Nebensätze**?
Schreibe auf die Linien.

> Als **Einleitewörter** eines **Nebensatzes** dienen
> - Konjunktionen: weil, dass, als, wenn, ob, obwohl
> - Fragepronomen: wo, wie, was, warum
> - Relativpronomen: der, die, das, welcher

Bau des zusammengesetzten Satzes   69

4 Erkenne den Hauptsatz und den Nebensatz im Satzgefüge.

 a Lies die Sätze.   **Achtung, Fehler!**

    1 Niemand erinnerte sich ob der Täter eine Mütze trug.

    2 Ein Friseur wusste genau wie der Haarschnitt aussah.

    3 Eine Optikerin beschrieb die Brille die dem Täter gehörte.

    4 Ein Mechaniker war sich sicher dass der Täter einen Ford fuhr.

b Rahme die Einleitewörter der Nebensätze ein.

c Unterstreiche die Verben.

d Markiere die Hauptsätze mit einer Farbe und die Nebensätze mit einer anderen Farbe.

e Ergänze die Kommas in den Satzgefügen.

5 Bilde Satzgefüge.

Wandle dazu jeweils den zweiten Satz in einen Nebensatz um.
Verwende das Einleitewort in Klammern.
Schreibe die Sätze auf die Zeilen.
Achte auf das Komma.

1 Meine Tante erzählte mir Geschichten. Ich war klein. (als)

2 An den Tag erinnere ich mich nicht. Es war mein Geburtstag. (obwohl)

3 Bei der Feier gab es nicht viel zu tun. Die Zahl der Gäste war klein. (weil)

4 Ich freue mich. Du bist wieder gesund. (dass)

1 Meine Tante erzählte mir Geschichten, als ich klein war.

Mehrfach zusammengesetzte Sätze

> Sind drei oder mehr Hauptsätze und Nebensätze miteinander verbunden, spricht man von **mehrfach zusammengesetzten Sätzen**. Die Teilsätze werden in der Regel durch **Komma** getrennt.

1 Untersuche die mehrfach zusammengesetzten Sätze.

a Lies die Sätze.

1 Wenn ein Unternehmen einen anonymen Drohbrief erhält,
informiert es die Kriminalpolizei,
die das Schreiben an das Sprachprofiling weiterleitet.

2 Die Fachleute ermitteln den Schreiber,
obwohl sie ihn nicht kennen,
weil er seinen „sprachlichen Fingerabdruck" hinterlässt.

3 Sprachspuren verraten viel über
denjenigen, der ein Schreiben verfasst
hat, obwohl sie nicht die Beweiskraft
einer DNA-Spur haben.

4 Dass die Polizei einen Schreiber überführen kann,
liegt häufig an seinen typischen Fehlern und an Wörtern,
die er auffällig oft verwendet.

5 Obwohl die Methode der Sprachprofiler als zuverlässig gilt,
ist es manchmal fraglich,
ob der Staatsanwalt das Ergebnis als Beweis anerkennt.

Tipp
Beispiele für Einleitewörter findest du im Merkkasten auf der Seite 68 unten.

b Rahme die Einleitewörter der Nebensätze ein.

c Unterstreiche die Verben in den Teilsätzen.

d Sind die Teilsätze **Hauptsätze** oder **Nebensätze**?
Markiere die Hauptsätze mit einer Farbe und die Nebensätze mit einer anderen Farbe.

Tipp
Achte auf die Stellung der Verben und auf Einleitewörter.

Zeichensetzung bei der direkten (wörtlichen) Rede

> Die **direkte (wörtliche) Rede** steht in **Anführungszeichen**.
> Steht der **Begleitsatz vor der wörtlichen Rede** (vorangestellter Begleitsatz), wird ein **Doppelpunkt** gesetzt.
> Beispiel: Pia sagte: „Ich wurde gestalkt."
> Steht der **Begleitsatz** in der **Mitte** (eingeschobener Begleitsatz) oder **nach der wörtlichen Rede** (nachgestellter Begleitsatz), wird er durch **Kommas** abgetrennt.
> Beispiele: „Ich bekam Anrufe", sagte sie.
> „Als Beweis", sagte Pia, „habe ich seine Anrufe gespeichert."

1 Warum ist Stalking ein Straftatbestand?

a Markiere die wörtliche Rede mit Anführungszeichen.

Klaas: Ich war überzeugt, dass Evi mich noch liebt.

Evi: Belästigt hat er mich jede Nacht mit Anrufen.

Dr. Lin M.: Verschmähte Liebe ist nur ein Vorwand.

b Schreibe die Sätze als wörtliche Rede auf. Setze die fehlenden **Anführungszeichen, Kommas, Doppelpunkte** und **Satzschlusspunkte**.

c Ist der **Begleitsatz vorangestellt, eingeschoben** oder **nachgestellt**?
Schreibe auf die Zeile unter der wörtlichen Rede.

1 Klaas gesteht: „Ich _____

vorangestellter Begleitsatz

2 _____ ", sagt Evi.

3 „Verschmähte _____ erklärt Dr. Lin M., „_____

Zeichensetzung beim Zitieren

> Ein **Zitat** ist die wörtliche Wiedergabe einer Textstelle in einem anderen Text.
> Zitate müssen wörtlich übernommen werden.
> Das gesamte Zitat steht in **Anführungszeichen.**
> Beispiel für ein wörtliches Zitat:
> „Forensik oder Kriminaltechnik bezeichnet den Einsatz wissenschaftlicher Methoden zur Aufklärung von Verbrechen." (Cooper, 2018, S. 6)

1 Wörtliche Zitate kennzeichnet man durch Anführungszeichen.

 a Lies die Sätze.

  1 Katrin Lankers schreibt: „Leonardo da Vinci war wahrscheinlich der Erste, der Anfang des 16. Jahrhunderts den Zündradmechanismus entwickelte." (Lankers, 2017)

  2 Sie führt weiter aus: „Ein gezahntes Rädchen schlägt gegen einen Feuerstein und erzeugt einen Funken […]." (Lankers, 2017)

  b Markiere die Anführungszeichen.

  c Unterstreiche in den Sätzen das Zitat.

> Wird **nur ein Teil zitiert,** kennzeichnet man die **Auslassungen** durch **eckige Klammern** mit **drei Punkten** […].
> Beispiel: „Forensik […] bezeichnet den Einsatz wissenschaftlicher Methoden […]." (Cooper, 2018, S. 6)

2 Bei teilweise wörtlichen Zitaten muss man Auslassungen kennzeichnen.

 a Lies die Sätze.

  1 Cooper führt aus, dass in der Forensik „diverse Fachgebiete […] zum Einsatz" kommen. (Cooper, 2018, S. 6)

  2 Es wird erläutert, dass sich die „äußere Ballistik […] mit […] der Bewegung von Körpern" befasst. (Spektrum.de)

  b Markiere die Anführungszeichen.

  c Unterstreiche in den Sätzen das Zitat.

  d Markiere die Auslassungen in den Zitaten.

Wortbildung

Zusammensetzungen

> **Zusammensetzungen** bestehen aus **Bestimmungswort** und **Grundwort**.
> Beispiele:
> die Not + die Landung → die Notlandung
> der Wert + voll → wertvoll
> laufen + das Band → das Laufband

1 Bilde Zusammensetzungen mit den Wörtern aus dem Wortkasten. Verwende das vorgegebene Wort entweder als **Grundwort** oder als **Bestimmungswort**.

| ~~der Blitz~~ / das Boot / der Pfeil |

1 schnell: *blitzschnell,*

| ~~frei~~ / die Uhr / der Verlust |

2 Zeit: *die Freizeit,*

> Manchmal muss eines der **Fugenelemente** -(e)s-, -(e)n-, -er- die beiden Wörter verbinden.
> Beispiel: die Richtung + der Wechsel → der Richtung**s**wechsel

2 Zerlege die Zusammensetzungen in ihre Bestandteile.

| GESCHICHT**S**BUCH / GEFAHRENZONE / TAGESZEIT / HOFFNUNGSVOLL |

a Markiere jeweils das **Fugenelement**.

b Schreibe die Bestandteile und die Zusammensetzung in der richtigen Großschreibung und Kleinschreibung auf.

die Geschichte + das Buch → das Geschichtsbuch,

Wortbildung

Ableitungen

> **Ableitungen** bildet man mit **Präfixen** (Vorsilben) oder **Suffixen** (Nachsilben).
> Beispiele für Präfixe: un-, miss-
> Beispiele für Suffixe: -lich, -ig, -isch, -haft, -chen, -lein

1 Bilde Ableitungen.

a Füge die vorgegebenen Präfixe (Vorsilben) an die Wörter im Wortkasten an.

glücklich / klar / gefährlich

1 un-: *unglücklich,* _____

die Achtung / verstehen / das Verständnis

2 miss-: *die Missachtung,* _____

b Vergleiche die Bedeutung der Wörter **mit** und **ohne** Vorsilbe. Kreuze die richtige Aussage an.

☐ Wörter mit un- und miss- haben **die gleiche Bedeutung** wie Wörter ohne Vorsilbe.

☐ Wörter mit un- und miss- bedeuten **das Gegenteil** der Wörter ohne Vorsilbe.

2 Erkenne die **Suffixe** (Nachsilben). Markiere sie in den Wörtern.

kind**lich** / kindisch / krankhaft / kränklich / wunderbar / wunderlich / mündlich / mündig / verständlich / verständig

3 Bilde Verkleinerungsformen mit den Suffixen (Nachsilben) **-chen** und **-lein.**

1 der Hase: *das Häschen, das Häslein*
2 die Rose: _____
3 die Biene: _____
4 die Blume: _____
5 die Schwester: _____
6 der Bruder: _____
7 der Mann: _____

> **Tipp**
> Bei Wortstämmen mit a, o, u entstehen die Umlaute ä, ö, ü.

Wortbedeutung

Synonyme

> **Synonyme** sind verschiedene Wörter, die eine **ähnliche oder die gleiche Bedeutung haben.** Synonyme kann man zu einem **Wortfeld** zusammenfassen.
> Mit Synonymen kannst du Dinge genau benennen und Wiederholungen vermeiden.
> Beispiele: das Essen – die Mahlzeit

1 Markiere Wörter mit der gleichen Bedeutung wie **Lärm** mit einer Farbe und Wörter mit der gleichen oder ähnlichen Bedeutung wie **Stille** mit einer anderen Farbe.

Stille / Lärm / Geschrei / Ruhe / Lautlosigkeit / Krach / Schweigen / Geflüster / Gepolter

2 Lies den Gedichtauszug.

Rosemarie Künzler-Behncke

Gehen – laufen – springen

1. Ich gehe – ich eile – ich laufe – ich springe
2. ich renne – ich rase – ich sause – ich schwinge
3. ich flitze – ich wandre – ich schlendre – ich schreite
4. ich hüpfe – ich hopse – ich tänzle – ich gleite [...]*

3 Zu welchem Wortfeld gehören die Verben im Gedichtauszug von Aufgabe 2? Kreuze an.

☐ singen

☐ gehen

☐ lesen

4 Welche der Synonyme passen in die folgenden Sätze? Setze die Wörter aus dem Wortkasten richtig ein.

das Auto / der Flitzer / ~~die Karre~~ / der Wagen

Unsere alte _Karre_ war schon 13 Jahre alt und blieb oft stehen.

Wir haben uns für ein einfaches _____ entschieden, das gut fährt.

Ein schneller _____ ist leider zu eng für fünf Personen.

Unsere Eltern wünschen: „Gute Fahrt mit eurem neuen _____!"

Antonyme

> Zu bestimmten Wörtern gibt es Wörter mit gegensätzlicher Bedeutung.
> Solche Gegensatzwörter heißen **Antonyme.**
> Beispiel: hell – dunkel

1 Wörter können Gegensätze ausdrücken.

a Verbinde die Gegensatzpaare.

1 Wahrheit	A viel
2 Tag	B nass
3 wenig	C Lüge
4 niedrig	D hoch
5 trocken	E Nacht

b Verwende die gegensätzlichen Wörter jeweils in einer Wortgruppe.

1. die Wahrheit sagen – eine Lüge verbreiten

2. der helle _____ – die dunkle _____

3. mit _____ Geld auskommen – _____ Geld brauchen

4. das _____ Häuschen – der _____ Turm

5. die _____ Wäsche – die _____ Haare

2 Bilde mithilfe von **un-/Un-** oder **miss-/Miss-** Gegensatzwörter zu den folgenden Wörtern.

1 freundlich: _____

2 das Glück: _____

3 achten: _____

4 der Erfolg: _____

5 möglich: _____

6 das Geschick: _____

7 vorbereitet: _____

Homonyme

> Wörter, die (fast) gleich geschrieben und ausgesprochen werden, aber eine unterschiedliche Bedeutung haben, heißen **Homonyme (gleichnamige Wörter).**
> Beispiel: die Bremse (am Fahrzeug) – die Bremse (Insekt)
> Als Homonyme werden auch (fast) gleich geschriebene oder gesprochene Wörter verstanden, die zu verschiedenen Wortarten gehören.
> Beispiel: (der) Morgen – morgen

1 Suche passende Homonyme.

a Verbinde die Bilder, die mit dem gleichen Wort bezeichnet werden.

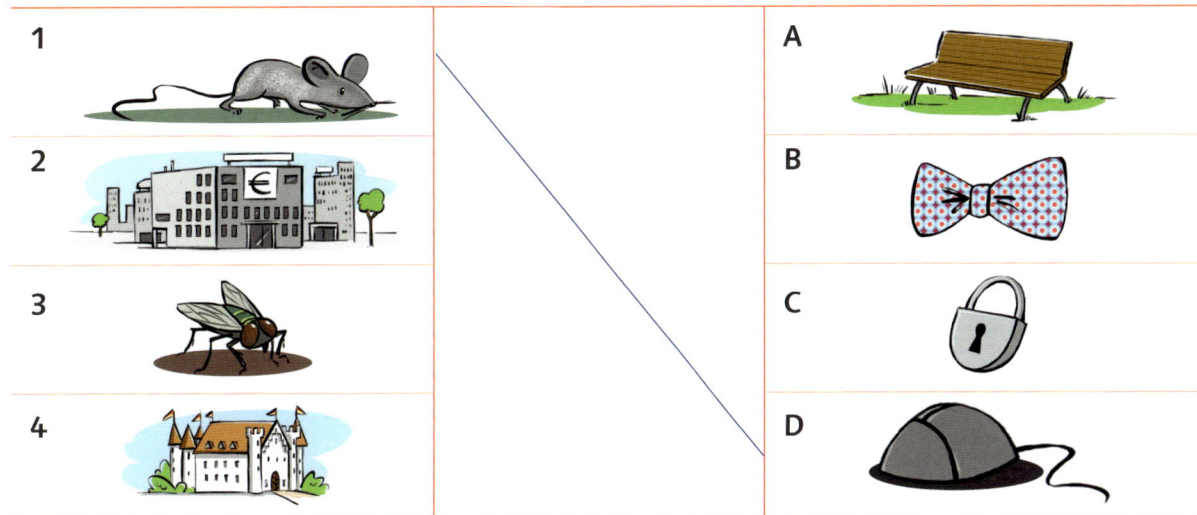

b Schreibe die Wörter auf.

1. die Maus, _____

2 Setze die Homonyme aus dem Wortkasten richtig in die Lücken ein.

| lehrt / leert / der Wal / die Wahl / malt / mahlt |

1 Der Ausbilder _____ die Schüler, wie man ein Metallstück bearbeitet.

 Sven _____ den Papierkorb.

2 Der Müller _____ Getreide zu Mehl. Die Künstlerin _____ ein

 Bild.

3 Die _____ des Bürgermeisters war ein Erfolg. Der _____ ist

 vom Aussterben bedroht.

Wortbedeutung

Personifizierungen

> Wenn Gegenstände oder Dinge aus der Natur etwas tun, was sonst nur Menschen tun, nennt man das eine **Personifizierung.** Personifizierungen sind sprachliche Bilder.
> Beispiel: Der Wind bläst.

1 Sprache kann bildhaft sein.

a Ordne die Ausdrücke aus dem Wortkasten den Bildern zu.

| Die Zeit rennt. / Die Sonne lacht. |

_____   _____

b Was tun die Blätter? Schreibe eine zum Bild passende Personifizierung.

_____

2 Ergänze die Personifizierungen. Setze die Wörter aus dem Wortkasten passend ein.

| rüttelt / tobt / ~~tanzt~~ / weint |

1 Mein Herz _tanzt_____ vor Freude.

2 Heute _____ ein Sturm.

3 Der Himmel _____ .

4 Der Wind _____ am Fenster.

Sprache im Wandel

Sprachvarianten

Dialekte (Mundarten)

> In vielen Gegenden Deutschlands wird ein **Dialekt** (eine Mundart) gesprochen. Dialektwörter (Mundartwörter) sind zum großen Teil außerhalb ihrer Region nicht bekannt.
> Beispiele: Blembe (Sachsen: dünner Kaffee), plietsch (Mecklenburg: schlau, geschickt)

1 Erweitere dein Wissen über Dialekte.

a Betrachte die Karte.

b In welchem Dialektgebiet lebst du? Schreibe auf.

2 Kennst du die Dialektwörter? Verbinde.

1 die Husche	A das Brötchen
2 klönen	B das Schilf
3 das Reet	C der kurze Regen
4 die Schrippe	D plaudern

Umgangssprache

> Im Alltag spricht man oft **Umgangssprache.** Dazu zählen bestimmte Wörter und Wendungen, aber auch unvollständige oder grammatisch falsche Sätze.
> Beispiele: checken (verstehen), eine große Klappe haben (vorlaut sein)

1 Lisa und Theo unterhalten sich auf dem Weg nach Hause.

a Lies das folgende Gespräch.

Lisa: Ey, Theo, wann schreiben wir Mathe?
Theo: Herr Zimmer hat den Test doch abgesagt!
Lisa: Echt?
Theo: Ja, das hat er gestern am Anfang der Stunde gesagt, warst wohl am Quatschen mit Lilli.
Lisa: Kann sein …

b Ein Gespräch zwischen Lisa und einer erwachsenen Person würde anders verlaufen. Ersetze die markierten Ausdrücke durch Formulierungen aus dem Wortkasten.

> Das ist möglich. / Sind Sie sicher? / Entschuldigen Sie / die Klassenarbeit in Mathematik / du hast dich wohl gerade mit Lilli unterhalten

c Schreibe das Gespräch zwischen Lisa und einer erwachsenen Person in dein Heft.

Lisa: Entschuldigen Sie, wann schreiben wir die Klassenarbeit …

2 Suche im Wortkasten nach umgangssprachlichen Wörtern mit der gleichen Bedeutung wie die folgenden Wörter. Schreibe jeweils drei passende Wörter in der Umgangssprache auf.

> gaffen / der Schnabel / die Kohle / ~~die Pille~~ / die Birne / ~~die Kugel~~ / die Rübe / die Klappe / der Schotter / gucken / die Schnauze / der Dez / der Zaster / das Leder / glotzen

1 der Ball: *die Pille, die Kugel, das* _____

2 der Kopf: _____

3 sehen, schauen: _____

4 das Geld: _____

5 der Mund: _____

Teste dich selbst!

1 Bilde **Nominalisierungen** und ergänze die Sätze.

1 Das _____ der großen Kakteen ist verboten. (ausgraben)

2 Die großen Kakteen sind etwas _____. (besonders)

3 Das _____ ist, dass gestohlene Kakteen nicht wieder anwachsen. (traurig)

2 Setze die passenden **Passivformen** ein.

> werden ausgegraben / werden gepflegt / wird bewahrt

Die Kakteen _____ von Wilderern _____.

Beschädigte Kakteen _____ von Kakteen-Schützern _____.

So _____ die Schönheit der Wüste _____.

3 Markiere in den Sätzen die **Adverbialbestimmung des Ortes** mit einer Farbe und die **Adverbialbestimmung der Zeit** mit einer anderen Farbe.

1 Die großen Kakteen wachsen in Arizona.

2 Besonders gefährdet sind die Kakteen am Straßenrand.

3 In einigen Jahren wird es diese Kakteen nicht mehr geben.

4 Am 10. Mai ist der Welttag des Kaktus.

4 Erkenne den **erweiterten Infinitiv** mit zu.

a Unterstreiche in den Sätzen die einleitenden Wörter **um, anstatt, außer, ohne** oder **als.**

b Ergänze die **Kommas** vor den einleitenden Wörtern. — **Achtung, Fehler!**

1 In Arizona werden Heime eröffnet um Kakteen zu pflegen.

2 Ranger statten die Kakteen mit Chips aus ohne sie zu beschädigen.

3 Die meisten gestohlenen Pflanzen gehen ein anstatt wieder anzuwachsen.

4 Lucy M. packt lieber mit an als nur zuzusehen.

5 Man kann nichts tun außer Menschen für den Naturschutz zu gewinnen.

Teste dich selbst!

5 Erkenne den Hauptsatz und den Nebensatz im Satzgefüge.

✏ **a** Markiere die **Einleitewörter** der Nebensätze.

✏ **b** Ergänze die **Kommas** zwischen den Haupt- und Nebensätzen.

Achtung, Fehler!

1 Kannst du dir vorstellen dass jemand Kakteen stiehlt?

2 Sheriffs jagen Wilderer die in der Wüste Kakteen ausgraben.

3 Die Kakteen sind gefährdet obwohl sie unter Naturschutz stehen.

4 Nur wenige Menschen wissen wie man die Früchte der Kakteen erntet.

✏ **6** Wandle den zweiten Satz in einen **Nebensatz** um. Verwende das Einleitewort in Klammern.

1 Die Kakteen werden gestohlen. Sie sind groß. (obwohl)

2 Sie bekommen einen Chip. Man will sie schützen. (weil)

3 Die Kakteen blühen. Sie sind 60 Jahre alt. (wenn)

4 Es ist traurig. Die Kakteen sterben. (dass)

✏ **7** Zerlege die **Zusammensetzungen** durch senkrechte Striche in ihre **Bestandteile.** Schreibe die Bestandteile in der richtigen Groß- und Kleinschreibung auf. Denke bei Nomen an den Artikel.

METERHOCH / WELTTAG / KAKTEENWÜSTE / NATURSCHUTZ / STRASSENRAND

Richtig schreiben

Fehlerschwerpunkte erkennen – Fehler korrigieren

Mit Textverarbeitungsprogrammen arbeiten

> **Textverarbeitungsprogramme** sind in der Regel mit einer Prüf- und Korrekturfunktion ausgestattet, das heißt, beim Schreiben am Computer werden **Rechtschreibfehler markiert.** Klickt man auf das markierte Wort, bieten die Programme oft alternative Schreibmöglichkeiten an. Aus diesen kann man dann die richtige auswählen.

1 Mithilfe von roten Wellenlinien weist das Textverarbeitungsprogramm auf Rechtschreibfehler hin.

a Lies die folgenden Sätze.   **Achtung, Fehler!**

Die Freunde wollen sich nach der schule treffen. gemeinsam werden sie das freibad besuchen. darauf freuen sich alle sehr.

b Benenne die Fehler in den Sätzen aus Aufgabe 1 a.
Schreibe die Sätze richtig auf.

> **Tipp**
> Satzanfänge und Nomen/Substantive musst du großschreiben.

_____

_____

_____

_____

c Schreibe die Sätze nun mit dem Computer und prüfe, ob du die Fehler richtig erkannt und verbessert hast.

2 Übe die Arbeit mit der Prüffunktion eines Textverarbeitungsprogramms.

a Lies Marcos Nachricht an Torben.   **Achtung, Fehler!**

Halo Torben,
ich möchte dich am Sonnabend zu eine Fußballspiel mitnehmen. Komst du mit?
Bitte andworte mir schnel!
Marco

b Das Textverarbeitungsprogramm hat eine Wortgruppe blau unterstrichen.
Erkläre einer Partnerin oder einem Partner den blau unterstrichenen Fehler.

c Schreibe Marcos Nachricht am PC und korrigiere die rot und blau markierten Fehler.
Nutze, wenn nötig, die Vorschläge des Programms.

Fehlerschwerpunkte erkennen – Fehler korrigieren

Mit Wörterbüchern arbeiten

> So sieht ein Wörterbucheintrag aus:
> **Re|gal,** das; -s, -e (Gestell für Bücher oder Waren)
>
> die Worttrennung, der Artikel, der Genitiv, der Plural, die Wortbedeutung

1 Suche drei Wörter im Wörterbuch und schreibe sie in dein Heft. Notiere zu jedem Wort alle Angaben, die im Merkkasten genannt werden (die Worttrennung, den Artikel, den Genitiv Singular, den Nominativ Plural und die Wortbedeutung).

> In vielen Wörterbüchern findet man auch **Rechtschreibregeln.**
> Unter dem Stichwort **Worttrennung** steht beispielsweise:
> **Mehrsilbige einfache Wörter** werden **nach Sprechsilben getrennt.**
> Beispiele: die Wie-se, der Wir-bel, wir tra-gen
> Die **Buchstabenverbindungen ch, ck, sch** werden **nicht getrennt.**
> Beispiele: die Schach-tel, die De-cke, die Wä-sche

2 Wende die Regel zur Worttrennung mehrsilbiger einfacher Wörter an.

a Lies die folgenden Wörter. Sprich die Wörter langsam und in Silben.

> ~~wir hoffen~~ / die Blumen / die Hefte / sie weinen / sie planen / die Birne / ich merke

b Schreibe die Wörter nach Silben getrennt auf.

wir hof-fen,

c Kontrolliere die Schreibweise und die Worttrennung mit dem Wörterbuch.

3 Wende die Regel zur Worttrennung bei Wörtern mit den Buchstabenverbindungen **ch, ck** und **sch** an.

a Lies die folgenden Wörter. Sprich die Wörter langsam und in Silben.

> der Ra|**ch**en / wir lachen / die Wäsche / der Rücken / die Socken / sie wischen

b Markiere die Buchstabenverbindungen **ch, ck** und **sch.**

c Trenne die Wörter mit einem Trennstrich.

d Schreibe die Wörter nach Silben getrennt in dein Heft. Kontrolliere sie mit dem Wörterbuch.

der Ra-chen, …

Groß- und Kleinschreibung

Nominalisierungen/Substantivierungen

1 Erkenne die Nomen/Substantive.

a Lies die Sätze.

1 Mein Wecker klingelte nicht laut genug.

2 Die Sonne schien bereits, und ich lag noch im Bett.

3 Am Vorabend hatte ich zum Glück schon meine Schultasche gepackt.

> **Tipp**
> Nomen/Substantive erkennst du in der Regel an ihrem Begleitwort.

b Unterstreiche alle Nomen/Substantive in den Sätzen von Aufgabe 1 a.

c Ordne die unterstrichenen Nomen/Substantive in die Tabelle ein.

der	die	das
Wecker	_____	_____
_____	_____	_____

2 Übe die Großschreibung von Nomen/Substantiven und Satzanfängen.

a Lies den Text.

1 der heutige tag begann mit stress.
2 mein neues fahrrad fiel um.
3 die lampe zerbrach, und meine tasche fiel in eine pfütze.

Achtung, Fehler!

b Markiere alle Nomen/Substantive mit einer Farbe.

c Markiere die Satzanfänge mit einer anderen Farbe.

d Vervollständige die Merksätze zur Groß- und Kleinschreibung.

1 Nomen/Substantive schreibt man _____.

2 Satzanfänge werden _____ geschrieben.

e Schreibe den Text von Aufgabe 2 a ohne Fehler auf.
Achte auf die Großschreibung der Nomen/Substantive und der Satzanfänge.

Groß- und Kleinschreibung

> Im Deutschen kann jedes Wort **als Nomen/Substantiv gebraucht** werden. Es wird dann **großgeschrieben** und **dekliniert.** Es kann beispielsweise von einem Artikel, einer Präposition oder einem Adjektiv begleitet werden.
> Beispiele: das Klingeln, ein Blau, beim Klingeln, helles Blau
> Eine **Nominalisierung/Substantivierung** steht immer am Ende einer sogenannten **nominalen Wortgruppe.** Deshalb hilft die **Erweiterungsprobe,** sie zu erkennen.
> Beispiele:
> das **Klingeln,** das laute **Klingeln,** das laut tönende **Klingeln** (nominalisiertes Verb)
> das **Blau,** das helle **Blau,** das hell leuchtende **Blau** (nominalisiertes Adjektiv)

3 Erkenne die nominalisierten Verben.

a Lies die Sätze.

1 Im Chor macht das Singen viel Spaß.

2 Zum Grillen kaufen wir Gemüse und Fleisch.

3 Lautes Lachen ist ansteckend.

b Unterstreiche die nominalisierten Verben in den Sätzen von Aufgabe 3 a.

c Führe mit den nominalisierten Verben aus Aufgabe 3 a die Erweiterungsprobe durch.

das Singen, das schöne

4 Erkenne die nominalisierten Adjektive.

a Lies die Sätze.

1 Ich male ein buntes Bild.
2 Dabei ist das Rot die wichtigste Farbe.
3 Die grüne Farbe gefällt mir auch.
4 Ich verwende das Grün für die Wiese.

b Unterstreiche die Adjektive in einer Farbe.

c Unterstreiche die nominalisierten Adjektive in einer anderen Farbe.

d Schreibe die nominalisierten Adjektive in dein Heft und führe die Erweiterungsprobe durch.

das Rot, das kräftige Rot, das kräftig ...

Die Schreibung von Eigennamen

> **Eigennamen** werden immer **großgeschrieben.**
> Es sind einmalige Personen, Orte, Veranstaltungen, Organisationen und Institutionen.
> Beispiele: Dirk Neumann, Bahnhofstraße, Potsdam, Sachsen-Anhalt, Europa
> Wenn Adjektive, Partizipien und Numeralien (Zahlwörter) Teil des Eigennamens sind, werden sie ebenfalls **großgeschrieben.**
> Beispiele: der Stille Ozean, die Vereinigten Staaten, der Zweite Weltkrieg

1 Übe die Schreibung von Eigennamen.

a Lies den Text.

1 In Bautzen trainieren Lisa und Niklas im Handballverein.
2 Sie möchten an den Bautzener Meisterschaften teilnehmen und eine Medaille
3 gewinnen.
4 Damit würden sie sich für die Sächsische Meisterschaft qualifizieren.
5 Vielleicht können sie sogar zu den Deutschen Meisterschaften fahren.

b Schreibe die markierten Wörter und Wortgruppen heraus.

2 Erkenne die Eigennamen.

a Lies die Sätze.

1 DER ROTE TURM IST EIN WAHRZEICHEN DER STADT CHEMNITZ.

der Rote Turm,

2 BEIM GROßEN PREIS VON MONACO LIEGT MAX VERSTAPPEN VORN.

3 DER GRÖßTE PARK IN MÜNCHEN HEIßT ENGLISCHER GARTEN.

b Markiere alle Adjektive, die zu einem Eigennamen gehören.

c Schreibe die vollständigen Eigennamen richtig auf die Zeilen.

Groß- und Kleinschreibung

3 Was passt zusammen?

a Verbinde die Adjektive mit den passenden Nomen/Substantiven, sodass Eigennamen entstehen.

1 Europäische		A Schweiz
2 Deutsche		B Kreuz
3 Deutsches Rotes		C Wald
4 Sächsische		D Bundesliga
5 Thüringer		E Union

b Setze die Eigennamen aus Aufgabe 3 a richtig ein.

1 Der Hauptsitz der _____ _____ befindet sich in Brüssel.

2 Der _____ _____ ist ein Mittelgebirge.

3 DRK ist die Abkürzung für _____ _____ _____.

4 Bei vielen Bergsteigern ist die _____ _____ beliebt.

5 Das Sportstudio berichtet über die _____ _____.

4 Setze die Buchstaben in der Klammer in der richtigen Groß- oder Kleinschreibung ein.

1 Wollen wir im _____ayrischen Wald Urlaub machen? (b/B)

2 Wir singen gerne _____nglische Lieder. (e/E)

3 Der _____azifische Ozean ist der größte und tiefste Ozean. (p/P)

4 Die _____talienische Küche ist für Pizza und Pasta bekannt. (i/I)

5 Das _____ote Meer hat einen hohen Salzgehalt. (t/T)

6 Meine Eltern trinken gern _____rasilianischen Kaffee. (b/B)

7 Das _____eutsche Alphabet hat 26 Buchstaben. (d/D)

Getrennt- und Zusammenschreibung

Getrennt- und Zusammenschreibung von Verben

1 Ist die richtige Getrennt- und Zusammenschreibung wichtig?

a Naomi hat in ihrer Nachricht an ihre Mutter alle Wörter zusammengeschrieben. Trenne die Wörter mit senkrechten Strichen.

IchtreffemichmitFreundenimPark.Werdeumsechszurückkommen.Bisspäter.

b Schreibe die Nachricht von Aufgabe 1 a ohne Fehler ab.

> Ob Wortverbindungen getrennt oder zusammengeschrieben werden, lässt sich mithilfe der **Betonungsprobe** herausfinden:
> Liegt die **Betonung auf dem ersten Bestandteil,** dann wird **zusammengeschrieben.**
> Beispiele: hinauslehnen, zusammenschreiben, zurückkommen
> Werden **beide Bestandteile betont,** wird **getrennt geschrieben.**
> Beispiele: aufeinander achten, laut sprechen
> Auch die **Bedeutungsprobe** ist wichtig für die Getrennt- oder Zusammenschreibung:
> Wird die Wortverbindung **in übertragener Bedeutung** verwendet, dann wird sie **zusammengeschrieben.**
> Beispiele: freisprechen (von Schuld), leichtfallen (keine Mühe bereiten)

2 Wende die Betonungsprobe an.

a Lies die Sätze.

1 Man sollte sich nicht so weit aus dem Fenster lehnen.

2 Lass uns schon den nächsten Termin festlegen.

3 Mit Oma muss ich laut sprechen.

b Markiere alle Bestandteile der unterstrichenen Wortverbindungen, die du betonst.

3 Markiere jeweils die Wortverbindung, die in übertragener Bedeutung verwendet wird.

Auf einer Bergtour kannst du leicht fallen. Die Mathearbeit wird mir leichtfallen.

Das Kätzchen muss man einfach gernhaben. Er möchte dieses Longboard gern haben.

Bei meiner Präsentation werde ich frei sprechen. Der Richter wird den Angeklagten freisprechen.

Getrennt- und Zusammenschreibung

> Verbindungen aus **Nomen/Substantiv + Verb** werden überwiegend **getrennt** geschrieben.
> Beispiele: Auto fahren, Klavier spielen
> Folgende **Ausnahmen** muss man sich einprägen:
> eislaufen, heimfahren, irreführen, leidtun, kopfrechnen, kopfstehen, preisgeben, stattfinden, teilnehmen.

4 Übe die Schreibung von Verbindungen aus Nomen/Substantiv + Verb.

a Lies den Text.

1 Lara möchte eislaufen. Vor dem Eisstadion muss sie jedoch Schlange stehen.
2 Soll sie wieder heimfahren? Nein, heute wird doch noch der Workshop für Fotografie
3 stattfinden. Dann wird sie eben an diesem Workshop teilnehmen. Sie wird Bus fahren
4 und es gerade noch rechtzeitig schaffen.

b Markiere im Text von Aufgabe 4 a die getrennt geschriebenen Verbindungen aus Nomen/Substantiv + Verb mit einer Farbe.

c Markiere im Text von Aufgabe 4 a die zusammengeschriebenen Verbindungen aus Nomen/Substantiv + Verb mit einer anderen Farbe.

d Ordne die markierten Verbindungen aus Nomen/Substantiv + Verb in die Tabelle ein.

Getrenntschreibung	Zusammenschreibung
	eislaufen

5 Getrennt oder zusammen? Setze die Verbindungen aus Nomen/Substantiv + Verb richtig ein.

1 Ich muss täglich zwei Stunden _____. (Klavier, spielen)

2 Mein Geheimnis werde ich keinesfalls _____. (Preis, geben)

3 Ich habe geübt und kann jetzt gut _____. (Kopf, rechnen)

4 Bei Glatteis solltest du nicht _____. (Rad, fahren)

Abkürzungen und Kurzwörter

> **Abkürzungen** werden verwendet, um schneller und platzsparender zu schreiben.
> Man unterscheidet:
> - **Abkürzungen mit einem Punkt:** z. B. (zum Beispiel), usw. (und so weiter)
> - **Abkürzungen ohne Punkt** für Maßeinheiten, chemische Elemente, Himmelsrichtungen und Währungseinheiten: m (Meter), SW (Südwest)
>
> **Kurzwörter** entstehen durch das Weglassen von Wortteilen.
> Beispiele: Fotografie → Foto, Fahrrad → Rad

1 Ordne die folgenden Abkürzungen den Langformen zu.

1	l		A	Mitteldeutscher Rundfunk
2	Pkw		B	Kilogramm
3	kg		C	Liter
4	m		D	unter anderem
5	Hbf.		E	Meter
6	u. a.		F	Kilometer pro Stunde
7	km/h		G	Hauptbahnhof
8	MDR		H	Personenkraftwagen

2 Bilde von den Langformen die entsprechenden Abkürzungen.

Numme**r** _____.   **d**as **h**eißt _____. _____.

circ**a** _____.   **J**ahr**h**undert _____.

Millio**n** _____.   **ev**entue**ll** _____.   **d**e**u**ts**ch** _____.   **Sek**unde _____.

> **Tipp**
> Die fett gedruckten Buchstaben helfen dir.

3 Bilde aus den Langformen die gebräuchlichen Kurzwörter.
Die Striche geben die Anzahl der Buchstaben an.

die Lokomotive ___ ___ ___   der Omnibus ___ ___ ___

das Deodorant ___ ___ ___   der Auszubildende ___ ___ ___ ___ ___

der Dinosaurier ___ ___ ___ ___   die Kriminalpolizei ___ ___ ___ ___ ___

das Automobil ___ ___ ___   die Information ___ ___ ___ ___

Fremdwörter

> **Fremdwörter** kommen aus anderen Sprachen. Sie werden oft anders ausgesprochen als geschrieben. Wenn man die genaue Bedeutung eines Fremdwortes nicht kennt, sollte man es in einem Wörterbuch nachschlagen.
> Viele Wörter übernehmen wir aus dem Englischen. Die meisten **englischen Wörter** werden beispielsweise mithilfe von Artikeln an die deutsche Sprache angepasst.

1 Erkenne die Fremdwörter.

a Lies den Text.

1 Malik hat sich im Outlet ein cooles Shirt gekauft.
2 Am Nachmittag wird er an einer Konferenz teilnehmen.
3 Ein Meeting will Malik auf keinen Fall verpassen. Dort
4 wird ein bekannter Interpret seinen neuen Song vorstellen.

b Markiere die sieben Fremdwörter im Text von Aufgabe 1 a.

c Ordne jedes Fremdwort aus dem Text seiner deutschen Entsprechung zu.

die Tagung: _____   hervorragend: _____

der Darbieter: _____   das Hemd: _____

die Zusammenkunft: _____   das Lied: _____

der Werkverkauf: _____

2 Verbinde die Fremdwörter mit ihrer deutschen Entsprechung.

1 der Tresor	A das Haarwaschmittel
2 der Oldtimer	B der Panzerschrank
3 die Jeans	C der Körper
4 der Body	D das alte, gut gepflegte Auto
5 das Shampoo	E die Hose aus festem Baumwollstoff

3 Schlage die Bedeutung des Wortes **Konifere** im Wörterbuch nach und ergänze den Satz.

Eine Konifere _____ .

4 Schreibe das gesuchte Fremdwort aus dem Englischen auf.

1 eine andere Bezeichnung für Arbeit: der J _____

2 eine Mannschaft: das T _____

3 das weltweite Netz von Computern: das I _____

4 eine Fahrkarte: das T _____

5 eine von Computern erzeugte Scheinwelt: der Cy _____

> Viele Fremdwörter haben typische Wortbestandteile. Die **Präfixe prä-, anti-, pro-, inter-** und **trans-** gehören zu den gebräuchlichsten Vorsilben von Fremdwörtern. Sie geben den Wörtern unterschiedliche Bedeutungen.
> - **prä-** (vor, voran, vorher, voraus, vorne, vorzeitig)
>   Beispiel: präparieren (vorbereiten)
> - **trans-** (über, hinüber, hindurch)
>   Beispiel: der Transport (das Überführen)

5 Erkenne die Fremdwörter mit Präfixen (Vorsilben).

a Markiere die Präfixe (Vorsilben) in den Fremdwörtern.

| präsentieren / der Transfer / der Präsident / transparent |

b Welche Erklärung ist richtig? Verbinde.

1 präsentieren	A der Vorsitzende
2 der Transfer	B vorstellen
3 der Präsident	C durchsichtig
4 transparent	D die Überführung

c Setze die Fremdwörter aus Aufgabe 5 a passend ein.

1 Das Staatsoberhaupt einer Republik wird so genannt: _____.

2 Der _____ vom Flughafen zum Hotel geschieht mit Bussen.

3 Eine Fläche, durch die man hindurchsehen kann, ist _____.

4 Wir _____ euch nun unsere neuen Pläne.

1 Schreibe die Wörter nach Silben getrennt auf.

wir mischen / sie lachen / die Masche / die Mücke / die Köche / sie picken / die Tücher

Tipp
Die Buchstabenverbindungen **ch**, **ck** und **sch** werden nicht getrennt.

2 Erkenne die nominalisierten Verben.

a Lies die Sätze.

1 Das Füttern der Tiere ist verboten.
2 Zum Wandern brauche ich neue Schuhe.
3 Das Bellen des Hundes verjagte den Einbrecher.
4 Beim Anziehen braucht meine kleine Schwester Hilfe.
5 Das Tragen eines Helms wird empfohlen.
6 Vor dem Ausgehen muss ich meine Hausaufgaben erledigen.

Das Füttern schadet allen Tieren und Pflanzen dieses Gewässers.

b Markiere alle nominalisierten Verben in den Sätzen von Aufgabe 2 a.

3 Eigenname oder nicht?
Setze die Buchstaben in der Klammer in der richtigen Groß- oder Kleinschreibung ein.

1 Die ____ranzösische Sprache gefällt mir gut. (f/F)
2 Das ____ereinigte Königreich gehört nicht zur ____uropäischen Union. (v/V, e/E)
3 Der ____ndische Ozean ist der wärmste Ozean der Erde. (i/I)
4 Die ____sterreichische Küche ist berühmt für ihre Germknödel. (ö/Ö)
5 Der ____ibirische Tiger ist vom Aussterben bedroht. (s/S)
6 Das ____ayrische Bier schmeckt meinem Opa besonders gut. (b/B)
7 Das ____riechische Alphabet endet mit dem Buchstaben Omega. (g/G)

4 Getrennt oder zusammen? Wende die Betonungsprobe an.

a Lies die Sätze.

1 Die Operation war erfolgreich. Meine Schwester kann wieder sehen.
2 Unser Treffen war schön. Wir müssen uns bald wiedersehen.
3 Das Unglück konnte niemand vorhersehen.
4 Gib deinen Text noch nicht ab. Ich möchte ihn vorher sehen.
5 Das Lösen der Aufgabe wird mir nicht schwerfallen.
6 Wenn du auf der Treppe nicht aufpasst, wirst du schwer fallen.

b Markiere alle Bestandteile der unterstrichenen Wortverbindungen, die du betonst.

5 Ordne die folgenden Abkürzungen den Langformen zu.

1 vgl.	A zum Beispiel
2 z. B.	B Kilometer
3 Dr.	C vergleiche
4 km	D Doktor
5 Lkw	E und so weiter
6 usw.	F Lastkraftwagen

6 Schreibe das gesuchte Fremdwort aus dem Englischen auf.

1 eine Unterhaltung im Internet: der Ch
2 ein Sportleiter: der T
3 das Herunterladen in der EDV: der D
4 ein PC im Buchformat: das N
5 ein Mobiltelefon: das S
6 ein kleiner Imbiss: der S
7 ans Internet angeschlossen: on

Wichtige Verben

Infinitiv (Grundform)	Präsens (Gegenwart)	Präteritum (Vergangenheit)	Perfekt (zweite Vergangenheit)
bitten	du bittest	sie bat	sie hat gebeten
bleiben	du bleibst	er blieb	er ist geblieben
brechen	du brichst	sie brach	sie hat gebrochen
dürfen	du darfst	er durfte	er hat gedurft
essen	du isst	sie aß	sie hat gegessen
fahren	du fährst	er fuhr	er ist gefahren
fallen	du fällst	sie fiel	sie ist gefallen
fliehen	du fliehst	er floh	er ist geflohen
fließen	es fließt	es floss	es ist geflossen
gehen	du gehst	sie ging	sie ist gegangen
haben	du hast	er hatte	er hat gehabt
heißen	du heißt	sie hieß	sie hat geheißen
helfen	du hilfst	er half	er hat geholfen
kommen	du kommst	sie kam	sie ist gekommen
laufen	du läufst	er lief	er ist gelaufen
lesen	du liest	sie las	sie hat gelesen
mögen	du magst	er mochte	er hat gemocht
nehmen	du nimmst	sie nahm	sie hat genommen
rufen	du rufst	er rief	er hat gerufen
schlafen	du schläfst	sie schlief	sie hat geschlafen
sehen	du siehst	er sah	er hat gesehen
sein	du bist	sie war	sie ist gewesen
singen	du singst	er sang	er hat gesungen
sitzen	du sitzt	sie saß	sie hat gesessen
sprechen	du sprichst	er sprach	er hat gesprochen
stehen	du stehst	sie stand	sie hat gestanden
treffen	du triffst	er traf	er hat getroffen
tun	du tust	sie tat	sie hat getan
werden	du wirst	er wurde	er ist geworden
wissen	du weißt	sie wusste	sie hat gewusst